崇文館

中华经典全本译注评

老子

译注评

熊筝　注译

长江出版传媒｜崇文书局

前　言

老子是我国古代伟大的哲学家和思想家，道家学派的创始人。他对我国古代思想文化的发展做出了重要的贡献，也产生过深远的影响。

老子生活于春秋时代末期，与儒家学派的创始人孔子同时代。老子的生卒年今已无法详考，有学者推测他生于公元前581年左右，卒于公元前500年左右。《史记·老子韩非列传》载："老子者，楚苦县厉乡曲仁里人也，姓李氏，名耳，字聃，周守藏室之史也。"由此可知，老子是楚国人，家在苦县（今属河南省鹿邑县），曾在周朝任守藏室史（此为史官，负责管理王室的图书文献）。按照古人命名取字的惯例来看，老子以"耳"为名，以"聃"为字，应与他的耳朵生得大而长有关（"聃"字意指耳长而大，为寿高之相）。他的姓氏为"李"，历史上也有人连其名或字称他"李耳"或"李聃"。老子既然姓李，人们为什么不尊称他为"李子"，而习惯称他"老子"呢？对此，历来有不同的看法。有人认为，因为老子本是"隐君子"，一般人不知道他的真姓实名，但见他年高学深，便尊称他为"老子"，"老子"就是"老先生"的意思。也有人认为老子之姓原本为"老"，只是因其古音同于"李"字，后来才变为"李"，二者实为一事；人们以其原姓称之，也就有"老子"的称谓。

据《史记》记载，老子博学多才，德高望重，连孔子都对他钦敬有加，曾专程去东周洛邑向他请教有关礼的问题。孔子在拜见老子之后，对自己的弟子说："鸟，吾知其能飞；鱼，吾知其能游；兽，吾知其能走。走者可以为罔(网)，游者可以为纶，飞者可以为矰。至于龙，吾不能知，其乘风云而上天。吾今日见老子，其犹龙邪!”孔子将老子比作天上的龙，是叹服其思想学说玄妙高深。

老子的思想学说是通过《老子》一书流传下来的。该书语言凝练，且多为韵文，可以视作一部哲理散文诗。其后世通行传本共有81章，一般分为上、下两篇，上篇37章为《道经》，下篇44章为《德经》(1973年长沙马王堆汉墓出土的帛书《老子》，与此有所不同，即《德经》在前，《道经》在后)，上论道，下论德，因而该书又被称作《道德经》或《道德真经》。该书共有5000余字，所以又被称作《老子五千文》《五千言》。关于《老子》一书的写作情况，《史记》是这样记述的:“老子修道德，其学以自隐无名为务。居周久之，见周之衰，乃遂去。至关，关令尹喜曰:‘子将隐矣，强为我著书。’于是老子乃著书上下篇，言道德之意五千余言而去，莫知其所终。”由此来看，老子在弃职西去、路经函谷关的时候，关令尹喜将其留住，并请其著书，老子便写成了五千余字的一本“言道德之意”的书。这样，《老子》一书应当是出自老子之手。但后世也有人认为，春秋时代“无私人著述之事”，先秦典籍很少是由一个人执笔写成的，往往是由各学派的人不断地补充、发展，经过很多年代才成为一本固定的书，且《老子》的思想系统、文字语气(如“万乘之主”“王侯”)等不像是春秋时人所有，故《老子》一书不应是老子亲手所著，而当是其后学在纂辑老子之遗言、语录的基础上加工、附益而成。关于《老子》的成书情况，尽管学界一直存在争议，但有一点可以肯定:其成书时间不会晚于战国中期，且其中的主要思想应为老子所本有。先秦典籍《庄子》《荀子》《韩非子》等对《老子》中的言论有所引用，且1993年从湖北省荆门市郭店的战国中期楚墓中出土了一批竹简书，其中即有《老子》，这都表明《老子》一书在战国中期甚至初期就已流行于世。

《老子》一书言近旨远，辞约义丰，区区五千余字，蕴含着无比丰厚而深邃的思想，充盈着极其博大而神妙的智慧，其立论玄远而富有浪漫韵致，其关注现实而不乏理性精神。它可谓是荆楚文化沃土孕育出的一朵哲学奇葩，是中华文化宝库中一块璀璨夺目的瑰宝，是世界文明史上"轴心时代"诞生的一部伟大经典。

《老子》一书的主要内容是讲论"道"和"德"，属于道、德哲学研究。唐人杜光庭说："夫此道德二字者，宣道德生畜之源，经国理身之妙，莫不尽此。"该书上篇《道经》，主要讨论宇宙本体问题，属于世界观范畴；下篇《德经》，主要论述为人处世之道，属于人生观范畴。全书的思想结构是："道"为"德"之体，"德"为"道"之用。全书的基本理论思路是：因天道以明人事。就该书的具体研究内容而言，所包甚广，举凡自然的本质、宇宙的生成、万物的演化、生命的奥秘、人性的本根、社会的构造，等等，均有所涉及。

老子作为"中国哲学史上第一位真正的哲学家"（胡适语），第一次在《老子》一书中将"道"作为哲学的最高范畴加以运用，构建了自己的哲学体系。在老子那里，"道"无形无声，"视之不见""听之不闻""搏之不得"，难以用语言表述，即所谓"道可道，非常道"，但它却是宇宙的本原，是生成宇宙万物的总根源。老子说："有物混成，先天地生，寂兮寥兮，独立而不改，周行而不殆，可以为天下母。吾不知其名，强字之曰'道'。"可见，"道"在天地形成之前就已经存在，具有无限的生机和创造力，能"为天下母"，成为天地万物创生的动力之源。然则，"道"是如何创生天地万物的呢？老子作了这样的解说："道生一，一生二，二生三，三生万物。"其中的"一"指阴阳未分之前的混沌之气，"二"指阴气、阳气，"三生万物"是说阴阳二气交感、和合，形成新的统一体，便生成天地万物。这说明，"道"创生万物，经历了一个递次演化、逐步向下落实的过程。在老子看来，"道"不仅是宇宙万物的创造主，而且还是统治宇宙中一切运动的法则，是万事万物发展变化的一般规律，所以他说："道者，万物之奥。""万物莫不尊道而贵德。"

就《老子》的论述看，"道"的本性是自然、无为："人法地，地法天，天法道，道法自然。""道常无为而无不为。"其中的"自然"，非指自然界，而是指客观事物的天然物性、固有的本性，含有"自然而然"之意。"道法自然""道常无为"则说明"道"的存在是顺其自然、不违天性、不强力作为。老子还曾言："道"对天地万物是"生而不有，为而不恃，长而不宰"，"莫之命而常自然"。

"道"创生万物，则万物必有所得于"道"，各物之所得于"道"者便是各物之"德"；换言之，"道"是整体，万物各从这整体中得到自己的一份，即为各自之"德"。老子有云："道生之，德畜之，长之育之。"意谓"道"创生万物，"德"则畜养万物，使万物生长发展。老子还说："孔德之容，惟道是从。"意谓大"德"体现在随"道"而变化上。老子的这些言论表明，"德"是由"道"派生而出，是"道"在具体事物上的体现。

《老子》一书将"道"视作天地万物的本源，以及万事万物发展变化的规律，这标志着人们认识世界的抽象思维能力达到了一个新的层次。中国古代哲学注重人事，大多是以政治和伦理为中心，思想的范围受到较大限制，而《老子》一书将"道"提升为统摄宇宙自然和社会人生的最高本体范畴，以"道"的观念把天、地、人等宇宙万物连通为一体，这拓展了古代哲学的视野，使其内涵也变得更为深广。此外，《老子》一书把"道"看作是天地万物的始源，是一种自然性的存在，这对于破除殷周以来传统的天命神学观念具有积极的意义。郭沫若先生说："老子的最大发明便是取消了殷周以来的人格神的天之至上权威，而建立了一个超绝时空的形而上学的本体……给了它一个名字叫作'道'。"张松如先生说："老子是中国古代第一个以理论的形式来宣传无神论的思想家，他提出了'道'这个至高无上的宇宙本体，批判了殷周以来以‘帝’、‘天’、‘鬼神’观为基础的宗教神学宇宙观。”

在《老子》中，老子从“道”的本性出发，因天道以究人事，阐述了自己的社会政治观。老子将“道”的本性归结为自然、无为，并由此形成了天道自然无为的思想，认为天地的运行是自然而然、不假外力的。既然天道自然无为，那么人道效法天道，也应当讲究顺其自然，不事强求。基于这样的理念，老子提出，统治者理政驭民应当顺乎自然、无为而治：“处无为之事，行不言之教……功成而弗居。”这里所谓“无为”，并非无所事事、毫无作为，它是强调统治者不能违背客观规律地恣意妄为，不能人为地干涉和强制老百姓，而应顺势而为，让老百姓自我教化、自我管理、自我发展，顺其自然天性地生活。所以，老子又说：“我无为，而民自化；我好静，而民自正；我无事，而民自富；我无欲，而民自朴。”在老子看来，现实社会中统治者崇尚圣智、仁义、巧利、法令、贤才等，都不是治理国家的良方，而容易滋生诈伪、扭曲人性、造成动乱，等等，即所谓“智慧出，有大伪”；“天下多忌讳，而民弥贫；民多利器，国家滋昏；人多伎巧，奇物滋起；法物滋彰，盗贼多有”。这都是由于不能无为而治所致。因此，他主张：“绝智弃辩，民利百倍；绝伪弃诈，民复孝慈；绝巧弃利，盗贼无有。”“不尚贤，使民不争。”也就是要求统治者治国理政回到虚静无为的天道规律上来。老子提倡“无为”之治，其理想、目标是建立一个“小国寡民”的社会：“使有什伯人之器而不用，使民重死而不远徙。虽有舟舆，无所乘之；虽有甲兵，无所陈之。使民复结绳而用之。甘其食，美其服，安其居，乐其俗。邻国相望，鸡犬之声相闻，民至老死不相往来。”老子设计的这种“小国寡民”社会，显然是一种朴素的政治理想的寄托，既无法实现，也与社会发展的历史趋向相悖。不过，老子幻想着回到那种没有压迫、没有战争、百姓安居乐业的“小国寡民”社会，反映出了他对当时战乱频仍、社会黑暗的不满，对现实社会中统治者恣意“有为"的厌弃。

《老子》在论证"道"的基础上，形成了丰富而朴素的辩证法思想。老子认为，天地间万事万物都存在着相互矛盾的两个对立面，对立的事物相互依存，如："有无相生，难易相成，长短相形，高下相盈，音声相和，先后相随。"这是说，有无、难易、长短等相反相对，但又相生相成，矛盾双方总是处于一个统一体中。老子还认识到，宇宙间万事万物都是发展变化的："飘风不终朝，骤雨不终日……天地尚不能久，而况于人乎？"而且，万事万物总是朝着自己的对立面发展、转化。他提出了"反者道之动"的命题，其中的"反"含有物极必反之意，指事物朝着相反的方向运动。这其实也揭示出了"道"的辩证运行法则。老子在书中还列举了很多事例来说明矛盾对立的事物不仅相互依存，而且会朝着相反的方向发展变化。如："祸兮，福之所倚；福兮，祸之所伏。孰知其极？其无正。"此谓祸与福是可以相互转化的。"正复为奇，善复为妖。"此谓正常可变为反常，善良可变为妖孽。此类现象不仅普遍地存在于人类的社会生活，而且广泛地存在于自然界。如"物壮则老"，"木强则折"，"草木之生也柔脆，其死也枯槁"，说明自然界的事物发展到极点，也会向反面转化。

《老子》一书对为人处世之道多有论说，充满了辩证思维和人生智慧。观其所论，老子在为人处世上倡导贵柔、守雌、勿强、无为、寡欲等，主张谦退不争，知足而止，以曲求全，以柔克刚。他说："不自见，故明；不自是，故彰；不自伐，故有功；不自矜，故长。夫唯不争，故天下莫能与之争。古之所谓'曲则全'者，岂虚言哉？""善者，吾善之；不善者，吾亦善之；德善。""甚爱必大费，多藏必厚亡。故知足不辱，知止不殆，可以长久。"这都说明，为人处世应当谦虚谨慎、守柔不争、宽容知足。在老子看来，谦卑守柔并不等于懦弱无能，而是一种生存的法则和智慧，即所谓"坚强者死之徒，柔弱者生之徒"；"强大处下，柔弱处上"。因此，柔弱能胜刚强，譬如"天下莫柔弱于水，而攻坚强者莫之能胜，以其无以易之”。这一点，在军事指挥上体现得尤为突出：“善为士者，不武；善战者，不怒；善胜敌者，不与；善用人者，为之下。”

总而言之，《老子》一书的内容博大精深，除了哲学之外，还涉及文学、美学、兵学、社会学、伦理学、养生学等。因此，不同的人能从中体味到不同的深意：政治家可以体会出治国之理，如唐玄宗在《御制道德真经疏》中说：《道德经》“其要在乎理身、理国。理国则绝矜尚、弃华薄，以无为不言为教。”军事家可以领悟到兵法之道，如唐人王真在《道德经论兵要义述》中称《老子》五千言“未尝有一章不属意于兵也……寂然不动，神而化之，戢干戈于方兴之时，却行阵于已列之地”。思想家可以寻觅到修身治人之径，如清人魏源在《老子本义》中说：“老子之书，上之可以明道，中之可以治身，推之可以治人。”如此种种，不一而足；其体至大，其用至广。德国哲学家尼采说得好：《老子》就“像一个永不枯竭的井泉，满载宝藏，放下汲桶，唾手可得”。

《老子》的思想在后世产生了深刻而久远的影响。哲学方面，后世以高度抽象思辨为主的哲学流派就是起源于老子，发展到魏晋时期形成了玄学，《老子》的思想在当时深入士人之心；宗教方面，《老子》在汉末道教兴起以后，被奉为道教的三大经典之一，教徒们时时诵习；政治方面，汉以来很多朝代的统治者采取清静无为、与民休息的政策，其指导思想往往来自老学；军事方面，《老子》中“以柔克刚”等思想常被后世兵家奉为圭臬，甚至连一些兵书（如《阴符经》）也渊源于《老子》。如此之类，未可尽举。因此，任继愈先生说：“老子学说对中华民族的影响有三个大的流向。第一，在哲学方面；第二，在宗教方面；第三，在政治及军事方面。……中华文化没有孔子，不成其为中华文化；同样，没有老子，也不成其为中华文化。”

在今天,《老子》的很多思想仍不乏现实意义,对于我们思考宇宙、观察社会、探究人生等都具有参考和借鉴价值。譬如说,《老子》中"自然""无为""柔弱""不争""知足"等价值理念,对于我们在当今时代处理人与人、人与社会、人与自然的关系,保持自我心态平衡,实现个人与社会的良性互动,促进人与自然的和谐发展,都有一定的借鉴作用。

华中师范大学文学院教授　曹海东

目　录

第一章

道可道[①]，非常道[②]；名可名[③]，非常名。

无名，天地之始；有名，万物之母[④]。故常无欲，以观其妙[⑤]；常有欲，以观其徼[⑥]。

此两者[⑦]，同出而异名，同谓[⑧]之玄。玄之又玄[⑨]，众妙之门[⑩]。

【注释】

①道可道：可以用言语表达的“道”。第一个“道”是名词，指人们平常所说的道，即道理、原理、真理等。第二个“道”是动词，言说、解说、表述的意思。

②常道：永恒不变之道。常，马王堆汉墓帛书甲、乙本（后文省称帛书甲、乙本或帛书本）均为“恒”。三个通行本（王弼本、河上公本、傅奕本）因避汉文帝刘恒讳改。

③名可名：可以说得出来的“名”。第一个“名”是名词，指具体事物的名称。第二个“名”是动词，说明、称呼的意思。

④无名，天地之始；有名，万物之母：未有名称之前，是万物的本始；名称已定之后，是万物的根源。母，母体，根源。

“无名天地之始，有名万物之母”，此句历来有两种句读：一种是“无名，天地之始；有名，万物之母”，如王弼、河上公等，帛书本亦采用此读法。另一种是“无，名天地之始；有，名万物之母”，如王安石、司马光等。

两种读法争论已久，各有其理。本书从古本。

⑤故常无欲，以观其妙：所以常在消解欲望时，去观察领悟“道”的奥妙。妙，奥妙、微妙的意思。

“故常无欲以观其妙，常有欲以观其徼”，此句也有两种句读：一种是“故常无欲，以观其妙；常有欲，以观其徼”，如王弼、河上公等，帛书本亦采用此读法。另一种是“故常无，欲以观其妙；常有，欲以观其徼”，如王安石、苏辙等。本书从前者。

⑥徼(jiào)：边际，边界。

⑦此两者：指上文“无名”与“有名”。

⑧谓：称谓。此为“指称”。

⑨玄：深黑色，引申为玄妙深远。

⑩众妙之门：一切奥妙变化的总门径。

【译文】

可以用言语表达的“道”，就不是永恒的“道”；可以说得出来的“名”，就不是恒久的“名”。

未有名称之前，是万物的本始；名称已定之后，是万物的根源。所以常在消解欲望时，去观察领悟“道”的奥妙；常在保有欲望时，去观察体会“道”的边际。

这两者，同一来源而不同名称，都可以称之为玄妙、深远。它不是一般的玄妙、深远，而是玄妙又玄妙、深远又深远，是宇宙天地万物之奥妙的门径。

【评析】

作为《老子》的开篇，本章历来较受重视，对其断句和解读亦有不少争议。依照宋代王安石、司马光等的读法，以“无”“有”断句讨论的是“道”的形而上学本体论问题，显得更有哲学思辨性。但不合古本，明显拔高古人。

本章第一句提出“道”之可言与不可言的问题，指出“道”的不可言说性，强调“道”之玄妙深远，不易认识把握，但这并不意味着“道”是不能命名和不可认识的。接下来第二句从认识论角度描述“道”的两个特性——“无名”和“有名”的辩证关系。“名”不仅指“言说”和“命名”，更指的是人的认识能力。“无名”指的是宇宙起源时人类认识所无法企及、难以追溯的不可名阶段，体现了宇宙的无限性和人的认识能力的非至上性；“有名”指的是人类对万物有一定认知的可名阶段。可以认识的事物才可以命名，不可名显示了人们对它没有足够的认识。有了名称，意味着对万物开始有了一定认识，所以说“有名，万物之母”。万物的起源（“道”）既有不可知的“无名”的一面，又有可知的“有名”的一面，故而“玄之又玄”，难以探究却又吸引人类不断去窥其妙。

永恒的“道”既有不可言说的“无名”的一面，又有可以言说的“有名”的一面，人们在认识和把握它时有两种情况：一种是“无欲”，没有欲望，不带任何情感地去探究“道”的奥妙；另一种是“有欲”，保有欲望，带有情感地去体会“道”的边际。老子常常强调“无知无欲”，清静无为，但老子亦富有深厚的人文关怀精神，其出世有为的积极态度也很明显，在解读时不可因其“无欲”的一面而否定“有欲”的一面。

第二章

天下皆知美之为美，斯恶已[①]；皆知善之为善，斯不善已。

故有无相[②]生，难易相成，长短相形[③]，高下相盈[④]，音声相和[⑤]，先后相随。

是以圣人处无为之事[⑥]，行不言[⑦]之教；万物作焉而不为始[⑧]，生而不有，为而不恃，功成而弗居。夫唯弗居，是以不去。

【注释】

①恶已：恶，丑陋。已，通“矣”。

②相：互相。

③形：在比较、对照中显现出来的意思。

④盈：通“呈”，呈现、显现的意思。通行本皆作“倾”，帛书本为“盈”，据改。

⑤音声相和：乐器的声音和人的声音彼此应和。

⑥圣人处无为之事：有道的人以无为的态度处理世事。圣人，道家最高的理想人物。处，担当，担任。无为，顺应自然，不加干涉、不必管束，任凭人们去干事。

⑦不言：不发号施令，不用政令。

⑧不为始：不以创始者自居。此据傅奕本，王弼本、河上公本为“不辞”，帛书乙本作“弗始”。

【译文】

天下人都知道美之所以为美，就产生了丑；都知道善之所以为善，就产生了不善。

所以有和无互相生成，难和易互为显示，长和短互相显现，高和下互为呈现，音与声彼此应和，前和后互相接随。

所以有道的人以无为的态度处理世事，用不言的方式施行教化，听任万物自然兴盛而不以创始者自居，生养万物而不据为己有，作育万物而不自恃己能，功成业就而不自居有功。正因他不自居有功，所以他的功绩不会泯灭。

【评析】

老子哲学中有非常丰富的辩证法思想，体现在本章中就是对事物对立统一规律的阐释。本章第一句即是由对“美”与“善”的价值判断引出其相互依存、相互对立的另一面——“丑”与“恶”，这种矛盾关系包含两层含义：一是相互依存的正反共生关系，“美”与“丑”、“善”与“恶”皆是成对出现，没有“美”就没有“丑”，没有“善”就没有“恶”，一方是另一方存在的前提；二是相互贯通的正反互转关系，由于价值判断的标准不是绝对的，是相对的，所以“美”与“丑”、“善”与“恶”也是相对的，当到了天下皆知，众人竞相追逐的地步，就失掉了自然的本意，美就不再美，善也不再善了。比如贤是美德，但人们为追逐贤名，倾轧竞争不已，就是恶行了。

而生活中没有价值判断标准的六种情况也同样具有这种关系：“有无相生，难易相成，长短相形，高下相盈，音声相和，先后相随。”对立着的双方互相依存，相比较而存在，并在一定条件下能向其相反的方向转化。老子在此举出若干情况表明了事物的这种相互对立又相互依存、相互转化的辩证关系不是个别的，而是具有普遍意义的关系。

万事万物都有其存在和发展的客观规律，不必刻意搅扰横加干涉，而应顺其自然。所以领悟“道”的真谛的圣人“处无为之事，行不言之教”，让一切自然发展，万物自能兴盛蓬勃。功成业就之后更应保持清醒，不可依仗自己有功便妄自尊大，居功自傲的行为容易走向反面，须知功和过也是相对而存在，历史中功成之后走向反面的例子比比皆是。

本章中老子首次提出“无为”一词。这里所讲的“无为”不是毫无作为、无所事事，而是不妄为，在不干涉的情况下引导人们的社会生活，只是这种“教”是“不言之教”，是潜移默化的施教。这也体现了老子哲学中比较积极进取的一面。

《老子》一书中多次提到“圣人”一词，其中大部分与其治国理想有关。“圣人”在我国古代典籍中有多种含义，那么老子所说的“圣人”又是指什么？通常认为，老子笔下的“圣人”，指的是得“道”之人，能领悟“道”的真谛并将其贯彻到治国理政之中的帝王。本章中对“圣人”的描述，就体现出了老子理想中的“圣人”道德标准。

第三章

不尚贤[①]，使民不争；不贵难得之货[②]，使民不为盗[③]；不见可欲[④]，使民心不乱。

是以圣人之治，虚其心[⑤]，实其腹，弱其志[⑥]，强其骨。常使民无知无欲[⑦]。使夫智者不敢为也[⑧]。为无为，则无不治。

【注释】

①尚贤：推崇有才德的人。尚，崇尚，尊崇。贤，有德行、有才能的人。

②不贵难得之货：不珍爱难得的财物。贵，重视，珍视。货，财物。

③盗：窃取财物。

④不见可欲：不显耀能引起贪欲的事物。见，通“现”，出现，显露。这里是显示、炫耀的意思。可欲，可以引起贪欲的东西。

⑤虚其心：使人的心灵清净。

⑥弱其志：使人的意志柔韧。此处“虚”“弱”为老学特有用词，都是积极、肯定的意义。

⑦无知无欲：没有伪诈的心智，没有争盗的欲念。

⑧智者不敢为也：自作聪明的人不敢妄为。

【译文】

不推崇有才德的人，使民众不起争心；不珍视难得的财货，使民众不起盗心；不显耀能引起贪欲的事物，使民心不被惑乱。

因此，有道的人治理天下，要使人的心灵清净，生活富足，意志柔韧，体魄强健，常使民众没有伪诈的心智，没有争盗的欲念。使那些自作聪明的人不敢妄为生事。按照“无为”的原则去处理事务，天下就没有治理不好的。

【评析】

本章老子批评了“尚贤”“贵难得之货”“见可欲”这样的社会价值观，认为它们是“争”“盗”“乱”的思想根源。因此，在社会治理上，一方面要尽可能地“实其腹”“强其骨”，提高人民的物质生活水平，使人民生活富足，身体强健；另一方面要“虚其心”“弱其志”，使人民心灵清净，意志柔韧，从而消解贪欲。所谓“无知”，并不是行愚民政策，而是消除不正确的价值导向，树立正确的社会价值观。功名利禄并非不能追求，而是不能为了追求功名利禄滥用智巧而迷失本心。所谓“无欲”，并不是要消除人的正常的本能的欲望，而是消解贪欲的滋扰。

老子批评“尚贤”，而稍晚于老子的墨子则大力提倡“尚贤”，认为“夫尚贤者，政之本也”，强调人才的重要性。在这里要指出的是，老子并不是要否认人才对社会和国家的重要性，老子针对的是由推崇“尚贤”所导致的争名夺利的不良社会风气。

第四章

道冲[①]，而用之或不盈[②]。渊[③]兮，似万物之宗[④]。挫其锐，解其纷，和其光，同其尘[⑤]。湛[⑥]兮，似或存[⑦]。吾不知其谁之子，象[⑧]帝之先。

【注释】

①冲：通“盅”，器物虚空，比喻“道”的空虚。

②不盈：不满，无穷尽。

③渊：深远。

④宗：祖宗，祖先。

⑤挫其锐，解其纷，和其光，同其尘：消磨它的锐气，消除它的纷扰，调和隐蔽它的光辉，把自己混同于尘俗。本书第五十六章亦有这四句，疑错简重出。

⑥湛(zhàn)：沉，深，形容“道”隐没于冥暗之中，不见形迹。

⑦似或存：似乎存在，形容“道”若亡若存。

⑧象：似乎。

【译文】

“道”是虚空的，但它的作用又是无穷无尽。深远啊！它好像是万物的祖先。消磨它的锐气，消除它的纷扰，调和它的光辉，混同于尘垢。幽隐啊！又好像实际存在。我不知道它是谁的后代，似乎是上帝的祖先。

【评析】

老子在本章中直接描述“道”作为宇宙总根源的特性。“道”是虚空没有实体的，但作用却又是无限的。“渊兮，似万物之宗”“象帝之先”肯定了“道”作为宇宙的总根源和总根据的地位。从时间上来看，“道”远在万物产生之前就已存在，比上帝更早；从作用上来看，既然是万物的祖宗，就蕴含着生养万物的创造性因素，万物由“道”而生，所以“道”的作用是无穷无尽的。

那么，“道”到底是一个什么样的存在呢？“湛兮，似或存”表明“道”是一个若有若无的存在。它确实存在，但又隐于虚空不见形迹。它没有实体性的存在，但又无处不在。因着“道”的无形无象，人们难以感知和言说，所以本章多用“似”“或”“象”“不知”之类表达不确定的词汇，看似不够精准，但却是对最高存在——“道”的最恰当的描述。

第五章

天地不仁[①]，以万物为刍狗[②]；圣人不仁，以百姓为刍狗。

天地之间，其犹橐籥[③]乎？虚而不屈[④]，动而愈出。

多言数穷[⑤]，不如守中[⑥]。

【注释】

①天地不仁：天地无所偏私。意指天地只是个自然的存在，并不具备人类的感情。

②刍(chú)狗：用草扎成的狗。古代祭祀时使用，祭祀完毕，就把它扔掉或烧掉。

③橐籥(tuó yuè)：古代的风箱。

④屈：竭尽，穷尽。

⑤多言数穷：政令烦苛反而加速败亡。言，意指声教法令。多言，意指政令繁多。数，通“速”，是加快的意思。穷，困穷，穷尽到头，无路可行。

⑥守中：持守虚静。

【译文】

天地无所偏私，任凭万物自行荣枯；圣人无所偏私，任凭百姓自生自灭。

天地之间，不正像一个风箱吗？它空虚而不枯竭，越鼓动风就越多，绵绵不绝。

政令烦苛反而加速败亡，不如守住虚静的状态。

【评析】

本章第一句常常被人误读，将其解读为天地残暴不仁，将老百姓当作低贱的猪狗一般的存在，这显然是对老子思想的极大误解。“天地不仁”的“仁”并非儒家思想中仁爱的“仁”，其意义更偏向指“人”。“天地不仁”意即天地没有人的情感，对天地而言，万物没有差别，所以不管是对万物还是对人都没有任何偏爱，不干涉万物的生长，也不介入人类的活动。这句话是老子“无为”思想的一个经典体现，天地是无为的，任自然界和人类社会按其自身规律运动和发展，无需任何主宰者横加命令和安排。“圣人不仁”则指圣人无所偏爱，与“天地不仁”意义相近。

第二句是对上一章“道冲，而用之或不盈”的进一步论述。天地之间是一个类似于风箱的虚空的状态，虽然空虚其中却蕴含着生发万物的创造性因素，这些创造性因素的运动是万物产生和发展的根本动力，越运动越生生不息。这里老子所说的“虚”和“中”都是一种外在的和谐平衡状态，其内部处在生生不息的运动中。

天地“无为”，万物生生不息。这一原则同样适用于人类社会。人类社会的发展和自然界一样，都有其内在的客观规律，这种发展是不以人的意志而转移的，所以为政无需多言。统治者政令烦苛，频频出台各种政策去干预老百姓的生产和生活反而会适得其反，乱象丛生，走向败亡的境地。但这种“无为”也不是什么都不做，老子并不反对统治者出台政令治理国家，他强调的是政令不要“多”，如果政令“多”到打破了“中”的状态，意即打破了正常社会的平衡状态，那么必然会导致不良的后果。

第六章

谷神不死[①]，是谓玄牝[②]。玄牝之门[③]，是谓天地根。绵绵若存[④]，用之不勤[⑤]。

【注释】

①谷神不死：虚空的变化是永不停竭的。谷，形容“道”的虚空博大，类山谷；神，形容“道”生万物的神秘莫测。谷神喻指“道”生养万物。不死，不停竭，这里喻指“道”的永恒性。

②玄牝（pìn）：玄妙莫测的母性，指“道”生养万物的能力。玄，玄妙、深远、微妙难测的意思。牝，本意是雌性的鸟兽，这里指生养万物的母体，形容“道”生万物。

③门：指产门。这里用雌性生殖器的产门，喻指生育万物的根源。

④绵绵若存：无形地存在着，连绵不绝。绵绵，连绵不绝的样子。若存，存而不可见。

⑤不勤：不穷竭。

【译文】

“道”（谷神）生养万物是永不停竭的，这就是玄妙的母性。玄妙的母体之产门，是天地的根源。它无形地存在着，连绵不绝，作用是无穷无尽的。

【评析】

本章用“谷神”“玄牝”“玄牝之门”和“天地根”逐层深入地描述宇宙

的起源和万物的产生。“谷神”来源于山谷的形象，山谷指两山间低凹而狭窄的地方，其间多有溪涧，这些特征符合“道”虚空的特点，因此老子经常用“谷”来形容“道”的虚空博大。“神”并无鬼神之意，在此用来形容“道”生万物的神秘莫测。“谷神”也不是山谷之神，而是用来描述虚空之物神秘莫测的作用，喻指“道”生养万物。山谷虚而能受，有被动的受容性，“玄牝”则有中空、吐纳的特性，所以接下来用“玄牝”来进一步说明“谷神”的作用，并用“玄牝之门”来喻指产生天地万物的“道”，确定了“道”作为“天地根”（宇宙起源）的地位。

“天地根”是不是永恒的实体呢？和第四章一样，老子又给了一个似是而非的答案，好像存在但不可见，所以并不是实体性的存在。但其存在是永恒的，作用是无限的，再次强调了“道”的永恒性，“道”生万物，生生不息。

第七章

天长地久。天地所以能长且久者,以其不自生[1],故能长生[2]。

是以圣人后其身而身先[3],外其身[4]而身存,非以其无私邪[5]?故能成其私[6]。

【注释】

①以其不自生:指天地的运作顺其自然。以,因为。不自生,自然而然的生,不是刻意有目的的追求。

②长生:长久。

③后其身而身先:把自己放在后面反而能位居人前。身,自身,自己。后其身,把自己放在后面。先,居先,占据了前位。

④外其身:把自己放在外面,表明不在意自身。

⑤邪:同“耶”,助词,表示疑问的语气。

⑥成其私:成就他自己。

【译文】

天地长久。天地之所以能长久,是因为天地的运作顺其自然,所以能够长久。

因此,有道的人遇事退让无争,反而能位居人前;不在意自身,反而能保全自身。这不正是因为他无私吗?所以能成就他自己。

【评析】

上一章讲到永恒的“道”是“天地根”,“道”从时间上看是无始无终的。而“道”生天地，说明天地是有始的，既有始必有终，所以天地并不是永恒的。但天地非常长久，“天长地久”是老子对自然界的一个描述和判断，这一判断是其后论述天地为何长久的一个基本前提。天地为何能长久呢？因为天地没有人类的感情，对万物没有任何偏私，纯任自然按其规律发展，所以能够长久。

由“道”而生的天地如此，得道的圣人行事亦是如此。圣人处事无争，顺其自然。不刻意强求，退身忘私反而能成就自身，实现个人的目标和价值。圣人无私无我，从行为上表现为退让无争，从结果来看却是成就自身，所以有人认为这是一种以退为进、欲擒故纵的权谋之术。但正如天地并无“长生”的私心，效法天地的圣人也并无“成其私”的私心，圣人在为人处事上清静无为、退让无争的做法皆是顺乎其心的本能行为，并非刻意、勉强而为，权谋说是对老子精神的误解。

第八章

上善若水①。水善利万物而不争，处众人之所恶，故几于道②。

居善地，心善渊③，与善仁④，言善信，政善治⑤，事善能，动善时⑥。

夫唯不争，故无尤⑦。

【注释】

①上善若水：最善的人好像水一样。上，最的意思。上善，最善。

②几于道：接近于道。几，接近。

③渊：沉静、深沉。

④与善仁：与人交往真诚友爱。与，指与别人交往。

⑤政善治：为政善于治理国家。

⑥动善时：行动善于把握时机。

⑦尤：怨咎，埋怨。

【译文】

最善的人好像水一样。水善于惠泽万物而不与万物相争，停留在众人所厌恶的地方，所以最接近于“道”。

居处善于选择地方，心胸时时保持沉静，与人交往真诚友爱，说话恪守信用，为政善于治理国家，办事善于发挥所长，行动善于把握时机。

正因为有不争的美德，所以不会引来怨咎。

【评析】

本章以及第七十八章集中赞美和提倡水之德，借用自然界最常见的水的特点来描述圣人的品格。水是构成万物的重要元素，一切生命都离不开水，人类一系列生产活动如农业灌溉、工业生产都需要水的参与，所以说“水善利万物”。水利万物但又与世无争，水至柔且没有固定的形态，与外物发生冲突时能变化自己的形状从而避免冲撞，有很强的适应性。水不断流动，从万物的空虚处穿过而流向低处，去众人不愿去的卑下的地方，与物无争。水的这些特点，非常接近“道”。

苏辙在解说水之“七善”时说：“避高趋下，未尝有所逆，善地也；空虚静默，深不可测，善渊也；利泽万物，施而不求报，善仁也；圆必旋，方必折，塞必止，决必流，善信也；洗涤群秽，平准高下，善治也；遇物赋形，而不留于一，善能也；冬凝春泮，涸溢不失节，善时也。有善而不免于人非者，以其争也。水唯不争，故兼七善而无尤。”这七句，是对水德的描写，也是上善之人行事的写照。上善之人能够适应环境的变化，善于处理具体事务，协调好各方关系，同时也不居功自傲、争锋人前，所以即便功高望重也不会引来怨咎。

由圣人的“七善”也可以看出，圣人绝非庸碌无能之辈，反而是善于把握时机和处理事务的大智若愚之人，所以在第十五章中描述得道之士时，言其“微妙玄通，深不可识”。

第九章

持而盈之[1]，不如其已[2]；揣而锐之[3]，不可长保。

金玉满堂，莫之能守；富贵而骄，自遗其咎。

功遂身退[4]，天之道[5]。

【注释】

①持而盈之：累积到了满溢出来。盈，满。

②不如其已：不如适可而止。已，止，停下来。

③揣(zhuī)而锐之：捶击使它尖锐，意为显露锋芒。揣，捶击。

④功遂身退：功业完成之后适时退下。

⑤天之道：指自然的规律。

【译文】

累积到了满溢出来，不如适可而止；锋芒毕露，锐势难以保持长久。

金玉满堂，无法守藏；富贵而且骄横，自己招致祸患。

功业完成之后适时退下，这是符合自然规律的。

【评析】

上一章从正面论述上善之人应该具有"利万物而不争"的品质，本章则从反面举例强调只知进而不知退、善争而不善让的危害，希望人们在功名利禄面前保持平常心，把握好度，不因有功而挟功图位。功业完成，有功之人期取相应的回报，这是人之常情。但月满则亏，水满则溢，物极必反，这不仅是自然界的常理，人类社会也是如此。贪慕权位，恃才傲物而不知进退的人自古就没有好下场。比如秦朝丞相李斯、汉朝淮阴侯韩信，两人皆曾富贵一时，权倾天下，却未能功成身退，最终身死族灭。

老子这里的“功遂身退”不只适用于政治上的有功之人，亦适用于一切有功之人。比如生活中帮助他人，父母养育子女等也可看作是有功，功成后身退，不挟恩图报，才是顺应“天之道”的境界。这里的“身退”并不是引身而去，从此无所事事，而是不居功，不自我膨胀，在名利回报面前保持清醒头脑，克服想去占有的贪欲。

第十章

载营魄抱一[①]，能无离乎？专气[②]致柔，能如婴儿乎[③]？涤除玄览[④]，能无疵乎？爱民治国，能无知乎[⑤]？天门开阖[⑥]，能为雌[⑦]乎？明白四达，能无为乎[⑧]？

生之畜之。生而不有，为而不恃，长而不宰，是谓玄德[⑨]。

【注释】

①载营魄抱一：精神和身体合一。载，发语词，相当于“夫”。营魄，即魂魄。《内观经》曰：“动而营身，谓之魂。静而镇形，谓之魄。”一，指“道”。抱一，即合一。抱一意为魂和魄合而为一，二者合一即合于“道”。

②专气：集气。专，结聚，聚集。

③能如婴儿乎：能像婴儿一样吗？

④涤除玄览：清除杂念而深入观照心灵。涤，扫除，清除。玄览，帛书本作“玄鉴”，喻心灵深处明澈如镜。

⑤爱民治国，能无知乎：爱民治国能不用智巧吗？知，通“智”，心智，心机。

⑥天门开阖：感官和外界接触。天门，各家注解不一。河上公注为耳目口鼻等人的感官；苏辙注为兴衰治乱之根源；林希逸注为自然之理；范应元注为人的心神出入，即意念和感官的配合等。今译从“感官说”。开阖，即动静，变化。

⑦为雌：守静的意思。

⑧明白四达，能无为乎：通晓四方能遵行自然无为的原则吗？无为，清静虚无，顺应自然。

⑨生而不有，为而不恃，长而不宰，是谓玄德：此句与第五十一章有重复，疑为第五十一章内容。

【译文】

精神和身体合一，能不分离吗？聚结精气能像婴儿那样精气充盈吗？清除杂念而深入观察心灵能没有瑕疵吗？爱民治国能不用智巧吗？感官和外界接触能不发生变化吗？通晓四方能遵行自然无为的原则吗？

生长万事，养育万物。产生万物而不占为己有，养育万物而不仗恃己力，引导万物而不充当主宰，这就是最深的“德”。

【评析】

本章用六个反问的句式讲述修身、处世和治国的基本要求。第一句“载营魄抱一，能无离乎”强调人身心合一。人的身体是感性的，有诸多欲望；人的精神是理性的，能克制欲望，实现自我的人生价值。但两者在现实中经常分离，往往心有所想身却不能行，所以老子首先强调“营魄抱一”。“载营魄抱一，能无离乎”也是道教“守一”修炼原则的最早表述。第二句“专气致柔”强调的是调节气息达到心境的静定，回归婴儿的纯朴状态。第三句“涤除玄览”则是强调涤清内心的杂念和妄见使内心澄澈。第四句“爱民治国，能无知乎”指治理国家应摒弃伪诈的心智，似乎与修身无关，但在老子的时代，身心修炼和治理天下是一体的，老子的修身并不局限于个人的修炼，身心合一的修炼也包含了对天下苍生的关怀。第五句“天门开阖，能为雌乎”强调的是我们的身体面对外界的滋扰能不受诱惑，保持清明的状态。第六句“明白四达，能无为乎”强调为人处世应遵循清静无为的原则。以上的六种修行既有对身的修炼，亦有对心的修炼，通过对身心的种种修炼，才能不断体悟“道”的真谛。

第十一章

三十辐[①]共一毂[②]，当其无，有车之用[③]。
埏埴[④]以为器，当其无，有器之用。
凿户牖以为室[⑤]，当其无，有室之用。
故有之以为利，无之以为用[⑥]。

【注释】

①辐：车轮中间连接车毂和轮圈的直条。古代的车轮共有三十根辐条。

②毂(gǔ)：车轮的中心部分，有可以插车轴的圆孔。

③当其无，有车之用：有了车毂中空的地方，才有车的作用。

④埏埴(shān zhí)：揉和陶土做成器具。埏，用水和(huó)土。埴，黏土。

⑤凿户牖(yǒu)以为室：开凿门窗建造房屋。牖，门窗。

⑥有之以为利，无之以为用："有"给人便利，"无"发挥了它的作用。

【译文】

三十根辐条安插到轮毂中，有了车毂中空的地方，才有车的作用。
揉和陶土做成器具，有了器具中空的地方，才有器具的作用。
开凿门窗建造房屋，有了房间中空的部分，才有房屋的作用。
所以"有"给人以便利，"无"发挥了它的作用。

【评析】

本章探讨的是现实世界的"有"和"无"的关系问题。老子先举了车轮、器具、房屋三个实例，说明车轮、器具、房屋这些有形之物之所以给人带来便利，是无形的部分起了作用的缘故。没有了"无"，"有"也无从发生作用。"有"和"无"在现实世界里相互依存、相互作用、相互补充。但在现实生活中，人们往往只注意到了"有"之利，而忽略了其中的"无"之用。老子在这里并非是要否定"有"之利，而是提醒我们应注意到不为一般人所觉察的"无"之用。

老子其后的庄子也在很多地方论述过"有用"和"无用"的关系。在惠子谓"子言无用"时，庄子回应说没有了"无用"，"有用"也变得没有用（《庄子·外物》）。在《庄子·人间世》结尾更是直接表明"人皆知有用之用，而莫知无用之用也"。确实，当今社会，人们汲汲钻营于那些能直接给我们带来利益的有用之物，却忽略了那些我们认为无用的东西。有时候恰恰这些"无用"的东西，才是我们人类的立身之本。

第十二章

五色[1]令人目盲[2]；五音[3]令人耳聋[4]；五味[5]令人口爽[6]；驰骋[7]畋猎[8]，令人心发狂[9]；难得之货，令人行妨[10]。

是以圣人为腹不为目[11]，故去彼取此[12]。

【注释】

①五色：指青、黄、赤、白、黑五种颜色。古代以此五色为正色。

②目盲：比喻眼花缭乱。

③五音：指宫、商、角(jué)、徵(zhǐ)、羽。

④耳聋：喻听觉失灵。

⑤五味：指酸、苦、甘、辛、咸，这里指多种多样的美味。

⑥口爽：意思是味觉失灵，不辨滋味。

⑦驰骋：纵马奔驰。

⑧畋(tián)猎：打猎。畋，即田猎之田。

⑨心发狂：心放荡而不可制止。

⑩行妨：行为不正直。

⑪为腹不为目：只求温饱安宁，而不纵情声色之娱。

⑫去彼取此：摒弃物欲的诱惑，而保持安定知足的生活。“彼”指“为目”的生活，“此”指“为腹”的生活。

【译文】

缤纷的色彩使人眼花缭乱，纷杂的音调使人听觉失灵，丰盛的食物使人舌不知味，纵情狩猎使人内心狂乱，稀有的物品使人行为不轨。

因此，圣人但求吃饱肚子而不纵情声色之娱，所以摒弃物欲的诱惑而保持宁静恬淡的生活方式。

【评析】

同第三章的“虚其心，实其腹，弱其志，强其骨”相一致，本章老子提出“为腹不为目”的生活方式。“五色”“五音”“五味”分别代表视觉、听觉、味觉三个方面的感官享受，若放纵自己在这些声色之娱中，过度追逐感官的刺激容易使人迷失自我，造成“目盲”“耳聋”“口爽”的后果，失去纯朴自然的本性。因此，老子提倡人们摒弃外界物欲的诱惑，保持宁静恬淡、节制知足的生活方式。

这一章无疑是令人深思的。欲望是生物的本能，追求更好的物质生活条件也是人之常情。合理的欲望在一定程度上能够推动人类文明的发展。然而沉溺于无节制的欲望中的人们物质生活得到了满足，精神却极度空虚。当今社会物质文明高度发达，许多人沉溺于声色物欲的享受，过着奢靡无度、纵欲炫富的生活。这种“为目”的生活方式对身心都是极不健康的。比如沉溺酒色损害健康不利养生，追逐名利和权势易使人失去纯善之心，更容易产生诸如争夺、倾轧、战争等一系列社会问题。老子在这里批判的就是这种被欲望驱使的没有节制的生活方式，倡导回归内心的从容恬淡的生活方式。

第十三章

宠辱若惊[①]，贵大患若身[②]。

何谓宠辱若惊？宠为下[③]，得之若惊，失之若惊，是谓宠辱若惊。

何谓贵大患若身？吾所以有大患者，为吾有身，及吾无身，吾有何患[④]？

故贵以身为天下，若可寄天下；爱以身为天下，若可托天下[⑤]。

【注释】

①宠辱若惊：得宠和受辱都使人感到惊恐不安。

②贵大患若身：重视自身如同重视大患一般。贵，珍视，重视。王纯甫、焦竑均认为此句本是"贵身若大患"，为了与上句押韵而倒而言之。

③宠为下：得宠是卑下的。

④及吾无身，吾有何患：如果我没有自身，我还会有什么祸患呢？

⑤贵以身为天下，若可寄天下；爱以身为天下，若可托天下：以贵惜自身的态度去治理天下，才可以把天下托付给他；以爱惜自身的态度去治理天下，才可以把天下托付给他。

【译文】

得宠和受辱都使人感到惊慌失措，重视自身如同重视大患一般。

什么叫作得宠和受辱都感到惊慌失措？得宠是卑下的，获得宠爱时感到惊慌失措，失去宠爱时也觉得惊慌不安，这就叫作得宠和受辱都感到惊慌失措。

什么叫作重视自身像重视大患一样？我之所以有大患，是因为我有自身，如果我没有自身，我还会有什么祸患呢？

所以如果能以贵惜自身的态度去治理天下，才可以把天下托付给他；以爱惜自身的态度去治理天下，才可以把天下托付给他。

【评析】

本章老子提出了“贵身”的思想。

老子一开始即论述了“宠辱”特别是“宠”对自身的危害。“宠”无论是获得还是失去都是施与（宠辱）者加诸于自身的，都是身不由己，这说明得宠者是处在卑下的位置的。获得宠爱固然能够得到一定的功名利禄，然而得宠是要付出一定的代价的。在争宠获取名利的过程中，人往往会丢失一些对自身极为重要的东西，比如人的尊严和价值，比如赤子之心等等，所以这也是一个损耗自身的过程。而人们之所以对荣宠患得患失是过于重视自身外在利益的缘故，所以老子在此进一步分析，“吾所以有大患者，为吾有身”，有“身”就有欲，就想获取各种利益，因为看重一己之利才会有“大患”，如果不去考虑自身的世俗利益，也就不会有“大患”了。

这一章较有争议的是对后两句的解释。“及吾无身，吾有何患”这句意指“大患”的根源在自身，无身则无患，有提倡退身忘私之意。而接下来一句“贵以身为天下”“爱以身为天下”，则有贵身之意，认为只有贵身、爱身的人，人们才能把治理天下的重责交给他。这两句看似矛盾是由于两处的“身”有不同的侧重。“无身”的“身”指有过多欲望的身，这样的“身”会因“宠辱”而惊慌失措、患得患失，无身则无患；而“贵身”的“身”则是无私无欲、摆脱了世俗利益纠葛的身，老子认为“贵”“爱”这样的“身”的人必定是一个自尊自爱、不为名利荣宠所动的人，将天下交给这样的人去治理是最合适不过了。

老子哲学强调尊重人的尊严、人的价值，倡导个人要爱惜贵重自身、重视自我建设，认为个人的尊严和价值远比名利荣宠这些我们大多数人追求的东西更为重要，这在自我意识不够觉醒的古代，无疑具有非常积极正面的影响。即使在当代，我们也可以看到不少为了利益出卖自身的人。一个不爱惜贵重自身的人，即使获得了他所追求的世俗的名利，也会祸患不断，难言幸福。

第十四章

视之不见名曰夷[①]，听之不闻名曰希[②]，搏之不得名曰微[③]。此三者不可致诘[④]，故混而为一。

其上不皦[⑤]，其下不昧[⑥]，绳绳[⑦]不可名，复归于无物[⑧]。是谓无状之状，无物之象，是谓惚恍[⑨]。迎之不见其首，随之不见其后。

执古之道，以御今之有[⑩]。能知古始[⑪]，是谓道纪[⑫]。

【注释】

①夷：有平、远之意。这里用来形容“道”难以看见。

②希：声音非常小。这里用来形容“道”难以听见。

③微：微小，没有行迹。这里用来形容“道”难以触摸。

④不可致诘：不可追究，无法穷究底细。

⑤皦(jiǎo)：光明。

⑥昧：阴暗。

⑦绳绳：形容延绵不绝。

⑧复归于无物：回复到无物之象。复归，回复。无物，指不具有任何形状的实体。

⑨惚恍：若有若无，若隐若现。

⑩有：指客观存在的具体的事物。

⑪古始：宇宙的原始，或“道”的初始。

⑫道纪:"道"的纲纪,即"道"的规律。

【译文】

看它看不见叫作"夷",听它听不到叫作"希",摸它摸不着叫作"微"。这三者均无法穷究,它们是混沌一体的。

它上面不显得光亮,它下面也不显得阴暗,它延绵不绝却又无法命名,又回复到无物的状态。这就是没有形状的形状,没有物体的形象,所以把它叫作"惚恍"。迎向它,看不见它的源头;跟随它,看不见它的后头。

能把握这亘古就已存在的"道",就可以驾驭当今的一切事物。能认识、了解宇宙的根源,就知道"道"的规律。

【评析】

本章描述"道"具有超越感官和感性经验的特点。"道"无法凭借视觉、听觉、触觉这些感性经验来加以把握,它既没有具体的形体,也没有声音,所以看不见,听不到,摸不着。它混沌一体,无形无迹因而无法探究。"道"无上无下,无前无后,它的存在超越了时空,似无状又似有状,无物而又有象,看不见开端,也看不清末尾,难以用语言描述但却确实存在。

我们知道,老子哲学的理论基础——"道"只是哲学上的一种假设,那么老子为什么将"道"预设成无形无名的神秘存在呢?这是因为作为宇宙总根源和总根据的"道"是永恒存在的,既然是永恒存在的"常道",那定然不会有具体形态,因为存在于一定时空中的具体物质都有形有名,有生有灭,而贯穿于其中的"道"则亘古长存。

万物遵循一定的规律不断地向前演化和发展,如果我们能把握了自古就存在的"道",就能把握事物运动发展的本质和规律。虽然"道"神秘莫测,但老子还是肯定我们能认识和把握它,进而驾驭现实世界。而体悟到"道"的人,就是老子理想中的"圣人"。

第十五章

古之善为士者[①]，微妙玄通，深不可识。夫唯不可识，故强为之容：

豫兮若冬涉川[②]，犹兮若畏四邻[③]，俨兮[④]其若客，涣兮若冰之将释[⑤]，敦兮其若朴[⑥]，旷兮其若谷[⑦]，混兮其若浊[⑧]。孰能浊[⑨]以静之徐清？孰能安以动之徐生？

保此道者，不欲盈[⑩]。夫唯不盈，故能蔽而新成[⑪]。

【注释】

①善为士者：指得“道”之人。傅奕本、帛书乙本作“善为道者”，王弼本、河上公本、郭店简本作“善为士者”，因本章主要论述个人修养问题，故从“士”。

②豫兮若冬涉川：行事谨慎就像冬天涉足江河。豫，象属，性好疑虑。豫兮，引申为迟疑、慎重的意思。

③犹兮若畏四邻：犹，猿类，性警觉。犹兮，引申为警觉、戒备的意思。若畏四邻，像害怕四邻窥伺一样，形容不敢妄动。

④俨兮：形容端谨、庄严、恭敬的样子。

⑤涣兮若冰之将释：和蔼可亲好像冰凌消融。即成语“涣然冰释”的出处。涣兮，形容流散消融的样子。

⑥敦兮其若朴：敦厚朴实好像没有经过加工的原料。

⑦旷兮其若谷：胸怀宽广好像幽深的山谷。

⑧混兮其若浊:浑厚纯朴好像浊水。混,通“浑”。

⑨浊:浑浊,引申为动荡。

⑩不欲盈:不自满。盈,满。

⑪蔽而新成:去旧更新的意思。蔽,旧。通行本作“蔽不新成”,易顺鼎、高亨等认为“不”为“而”之误字,据改。

【译文】

古时候得道的人,幽微、精妙、玄奥、通达,深刻而难以理解。正因为难以理解,所以只能勉强地形容他:

他行事谨慎就像冬天涉足江河,他警觉戒备就像防备着四周的围攻,他拘谨严肃就像要去赴宴做客,他和蔼可亲好像冰凌迅速消融,他敦厚朴实好像没有经过加工的原料,他胸怀宽广好像幽深的山谷,他浑厚纯朴好像浊水。谁能在动荡中安静下来而慢慢澄清?谁能在安定中活动起来而慢慢前进?

能够把握这些道理的人不会自满。正因为他从不自满,所以能够去旧更新。

【评析】

上章讲到“道”体神秘莫测,难以把握,本章则对把握到“道”的理想之士进行了一番描述。“道”体不可捉摸,“善为士者”也难以描述,我们很难用谦虚、谨慎、仁慈等词汇进行简单的描述,因其像“道”一样“深不可识”,只能勉强加以形容。老子用了七个比喻来对得道之士的外在表现和修养境界进行描述。“冬涉川”“畏四邻”体现了得道之士对外在环境的谨慎、警惕。得道之士爱身、贵身、惜身,所以对自然界和人类社会存在的潜在危险始终保持警惕。“俨兮其若客”描写得道之士为人处事的庄重拘谨,决不狂放。得道之士的这些特点都给人一种难以接近之感,但得道之士也有非常融合的一面。“涣兮若冰之将释”就描写了他像冰凌消融一样温暖可亲的一面,既庄严又可亲,亦俨亦涣,为人处事恰到好处。这些外在表现都是内在修养境界自然的流露。后三个比喻“敦兮其若朴,旷兮其若谷,混兮其若浊”描述了得道之士的内在修养境界,他本质敦厚朴实，胸怀宽广，混迹于人群中也是和光同尘，锋芒不露。

总之，得道之士的生命活动过程既“静”又“动”。在充满诱惑的不断变化的社会生活中能沉下心来不为外在宠辱所动，修心养性，在“动”中取“静”。同时在静下来的状态下又洞悉天下、心怀天下，希望天下有治，有着超越世俗和常人的更高的追求和境界，并为此进行积极而富于创造性的努力，在“静”中趋“动”。能够做到这些正是来自于对“道”的观察和把握，“道”自古存在且永不停息地运动，得道之士对“道”的追求也不会有“盈”的时候，所以他不自满，能与时俱进，不断地超越自我。

第十六章

致虚极，守静笃[①]。

万物并作[②]，吾以观复[③]。

夫物芸芸[④]，各复归其根。归根[⑤]曰静，静曰复命[⑥]。复命曰常[⑦]，知常曰明。不知常，妄作凶。

知常容[⑧]，容乃公，公乃王[⑨]，王乃天[⑩]，天乃道，道乃久，没身不殆。

【注释】

①致虚极，守静笃：追求"虚"和守住"静"都做到极致的境地。极、笃，意为极度、顶点。

②万物并作：万物蓬勃生长。作，生长，兴起，活动。

③复：循环往复。

④夫物芸芸：万物纷芸繁多。芸芸，形容众多，繁多。

⑤归根：回归本根、根源。

⑥复命：回归本来状态。

⑦常：恒，指万物运动变化的规律。

⑧容：宽容，包容。

⑨王：通行本及帛书本皆作"王"，劳健认为"王"为"全"的讹字，本书从通行本。

⑩天：自然。

【译文】

追求“虚”和守住“静”都做到极致的境地。

万物蓬勃生长，我看出其中循环往复的道理。

万物纷芸繁多，各自返回它的本源。返回本源就叫作静，静就叫作回归本来状态。回归本来状态是永恒的规律，认识永恒的规律叫作明。不了解永恒的规律，轻举妄动就会遭遇凶险。

认识常道的人是能包容一切的，包容一切就会坦然公正，公正就是王者，王者顺任自然，顺任自然才能符合“道”，顺“道”而行才能长久，终身不会遭到危险。

【评析】

本章提出致虚守静的修身功夫。虚和静是形容人的心境空明且宁静。人出生时无知无欲，神志清明，精气十足。但由于外界不断地干扰和诱惑，人的私欲开始活动，心灵也蔽塞不安，精气也受损。所以老子提出“致虚”和“守静”，让心灵回归澄澈的本真。

老子观察万物的生生灭灭看出生死循环往复的道理，万物从出生到成长，最后死亡，又从死到生。就像草木生长最后枯萎死去，到来年又重新生长繁盛。死亡只是回到最初的本源，这一本源处是一片虚空和寂静，在这极致的虚空和寂静中又蕴含着生机，再次萌发出新的生命。虚空和寂静处既是万物的归宿，也是万物萌发的根源。万事万物就这样循环往复生生不息，这便是宇宙运行的规律。认识这一规律，我们才能更好地理解这个世界的运行，否则人为地去干预万物的运行只会适得其反，反受其害。参透这一规律的人必然洞悉世情百态，便会更为宽容和公正，是为王者，王者行事顺任自然，守“常”不“妄”，则天下安定太平。对于个人的修身来说，让心灵回到虚空和寂静处，也是“归根”和“复命”，这样能更好地体悟“道”，迸发出更大的生命潜能。

第十七章

太上[1]，下知有之[2]；其次，亲而誉之；其次，畏之；其次，侮之。信不足焉，有不信焉。

悠兮[3]其贵言[4]。功成事遂，百姓皆谓我自然[5]。

【注释】

①太上：至上，最好，这里指最好的统治者。

②下知有之：人民只知道统治者的存在。

③悠兮：悠闲的样子。

④贵言：指不轻易发号政令。

⑤自然：自己本来就如此。

【译文】

最好的统治者，人民只知道他的存在；次一等的统治者，人民亲近并且称赞他；再次的统治者，人民畏惧他；更次的统治者，人民轻侮他。统治者的诚信不足，人民自然不相信他。

（最好的统治者）悠然而不轻易发号施令。等到大功告成，老百姓都称赞圣人的治理符合自然的原则。

【评析】

本章老子比较了社会治理的四种境界，把统治者按治理状况的不同分为了四种：最好的统治者是人民只知道他的存在，其次是老百姓亲近并称赞他，再次是老百姓畏惧他，最坏的统治者是被人民所唾弃侮辱。

老子最为推崇的社会治理,是统治者顺应自然变化不妄为而使天下得到治理,即“无为而治”,这种“自然”的治理并非什么都不做,而是用“道”的规律来治理天下。统治者顺势而为,因势利导,对老百姓的作用是潜移默化的,老百姓自然而然地在不知不觉中接受这种影响。这种治理最符合老子的设想。

比“无为而治”次一等的就是统治者以人伦礼仪来统治百姓,百姓之间相互友善,相亲相爱,人民会亲近并且称赞他。这种社会治理即是儒家主张实行的“德治”。然而现实是德化百姓在巧利伪诈面前显得过于理想。于是出现了再次一等的实行“法治”的统治者,用严刑峻法来规范社会秩序,如此老百姓就会畏惧他。如果连严刑峻法也无法维持社会秩序,统治者的威信尽失,天下也就大乱,国也将亡,这就是最次的社会治理,百姓对统治者只有唾弃辱骂。

老子所设想的这种社会治理是一种比较理想化的治理方式,对后世也有积极影响。汉初文帝、景帝实行的黄老之治,被认为是最接近道家“无为而治”的统治,开创了中国古代的一个盛世。

第十八章

大道废，有仁义[①]；六亲[②]不和，有孝慈；国家昏乱，有忠臣。

【注释】

①大道废，有仁义："大道废，有仁义"句后，帛书本及通行本均衍出"智慧出，有大伪"句，郭店简本无此句。据考为战国中后期妄增衍出。如有此句，易使人将"仁义"和"大伪"对应，而观本章，"仁义""孝慈""忠臣"均为可贵之美德，且"智慧出，有大伪"与其它三句句式表达不一致，故将此句删去。

②六亲：历代说法不一，《老子》以父子、兄弟、夫妇为六亲。

【译文】

大道被废弃，仁义才显现；家庭不和睦，孝慈才彰显；国家陷于混乱，忠臣才现出。

【评析】

上章讲到得道的统治者用"道"的规律来治理天下，施不言之教，行无为之治，是为"太上"。当大道盛行时，社会和谐，人民诚信友爱，自然无需特别提倡仁义。但当统治者不再效法大道来治理天下，大道被废弃，则天下失道。这时人们开始崇尚道德仁义，希望通过倡导仁爱和正义来挽救日益颓废的世风，让社会重回正轨。

同样的，家庭和睦时，父慈子孝、兄友弟恭、夫妇恩爱，自然用不着提倡孝和慈；家庭不和睦，需要倡导孝和慈让家庭重新和睦，孝慈才彰显其珍贵。国家清明时,臣子们各司其职,各尽其责;国家陷于混乱时,臣子不能恪尽职守,忠臣才现出他的价值。"仁义""孝慈""忠臣"本是自然而然的美德,无需特别提倡。它们的产生,恰恰说明了天下无道。但即使是在天下失道的情形下,依然有"仁义""孝慈""忠臣"这些美好德行的存在,这也体现了老子非常积极乐观的一面。

第十九章

绝智弃辩①，民利百倍；绝伪弃诈②，民复孝慈；绝巧弃利，盗贼无有。此三者③以为文④不足，故令有所属⑤：见素抱朴⑥，少私寡欲。

【注释】

①绝智弃辩：通行本作“绝圣弃智”，郭店简本作“绝智弃辩”，考虑到《老子》全书对“圣”作积极肯定理解，故从郭店简本改之。

②绝伪弃诈：通行本作“绝仁弃义”，郭店简本作“绝伪弃诈”，本书第八章主张与人交往要“与善仁”，可见老子并无“绝仁弃义”之说，故从郭店简本改之。

③此三者：指智辩，伪诈，巧利。

④文：文饰。

⑤属：归属，遵循。

⑥见素抱朴：内心朴素，让内心保持原有的自然本性。见，通“现”，呈现。“素”是没有染色的丝，“朴”是未被加工过的原木，素、朴在这里是同义词。

【译文】

抛弃了聪明和巧辩，人民可以得到百倍的利益；抛弃伪诈，人民可以恢复孝慈的天性；抛弃巧诈和货利，盗贼自然就绝迹。（智辩、伪诈、巧利）这三者全是巧饰，不足以治理天下，所以要使人们的思想认识有所归依:内心朴素,减少私心,降低欲望。

【评析】

上一章叙述了大道崩废后美德彰显的情形,但在老子看来,“仁义”“孝慈”“忠臣”这些美德只是天下失道后的表现,并不能改变天下失道的局面。本章老子提出“见素抱朴”的主张,希望统治者能绝智弃辩、绝伪弃诈、绝巧弃利,使人民回归素朴的自然本性。运用智辩、伪诈、巧利这些外在的机巧固然可以让人获得一时的利益,但却会腐蚀原本淳朴的人民,刺激老百姓对浮华生活的追求。一个智辩、伪诈、巧利盛行的社会,必定是一个尔虞我诈、唯利是图、六亲不认、盗贼横行的混乱的社会,老百姓在其中也会深受其苦。只有绝弃世间的一切伪诈智巧,让老百姓复归于素朴,天下才能复归于道。

第二十章

绝学无忧[1]。唯之与阿[2],相去几何?美之与恶[3],相去若何?人之所畏,不可不畏。

荒兮[4],其未央[5]哉!

众人熙熙[6],如享太牢[7],如春登台[8]。

我[9]独泊[10]兮,其未兆[11],如婴儿之未孩[12];儽儽兮[13],若无所归。

众人皆有余[14],而我独若遗[15]。我愚[16]人之心也哉!沌沌兮[17]!

俗人昭昭[18],我独昏昏[19]。俗人察察[20],我独闷闷[21]。

澹兮[22]其若海,飂兮[23]若无止。

众人皆有以[24],而我独顽且鄙[25]。我独异于人,而贵食母[26]。

【注释】

①绝学无忧:弃绝学问不受其干扰。

②唯之与阿:敬诺和斥责,相距有多远。唯,恭敬地答应,这是晚辈回答长辈的声音;阿,怠慢地答应,这是长辈回答晚辈的声音。

③美之与恶:美好和丑恶。美,河上公本、王弼本作“善”,傅奕本、帛书本和北大汉简本作“美”,考虑到第二章的“天下皆知美之为美,斯恶已”亦将“美”与“恶”视作对立事物,故从“美”。

④荒兮:遥远,没有尽头的样子。

⑤未央:没有结束,无尽。

⑥熙熙:形容欢快热闹的样子。

⑦享太牢:参加丰盛的宴席。太牢,古代盛大的祭典,古代帝王祭祀社稷时,牛、羊、猪三牲全备为“太牢”。

⑧如春登台:好像在春天登台眺望。

⑨我:老子自称,和“道”进行对话的老子。

⑩泊:淡泊,恬静。

⑪未兆:没有征兆、迹象,形容无动于衷的样子。

⑫孩:同“咳”,形容婴儿的笑声。引申为婴儿浑蒙未开的状态。

⑬儽(léi)儽兮:落落寡欢,无所依傍的样子。

⑭余:剩余,结余。

⑮遗:不足。

⑯愚:形容淳朴自然的状态。

⑰沌沌兮:混沌,不清楚。

⑱昭昭:炫耀光彩,智巧现于外的样子。

⑲昏昏:愚钝暗昧的样子。

⑳察察:精明灵巧的样子。

㉑闷闷:昏昏沉沉,形容淳朴宽宏的样子。

㉒澹兮:恬静安然,淡泊沉静的样子。

㉓飂(liù)兮:如高风般飘荡的样子。

㉔有以:都有所施用。以,用。

㉕顽且鄙:形容质朴愚钝的样子。

㉖贵食母:重视、贵重养育万物的“道”。“母”用以比喻“道”。

【译文】

弃绝学问不受其干扰。敬诺和斥责,相差有多远?美好和丑恶,又相差多少?众人所畏惧的,我也不能不有所畏惧。

遥远啊,好像没有尽头的样子!

众人都兴高采烈,好像去参加盛大的宴席,又像春天登台眺望美景。

我却独自淡泊宁静，无动于衷，如同婴儿般浑蒙未开；落落不群啊，好像无家可归。

众人都有所剩余，唯独我好像不足的样子。我真是“愚人”的心肠啊！混混沌沌啊！

众人都炫耀光彩，唯独我愚钝暗昧的样子；众人都那么精明灵巧，唯独我这样质朴愚钝。

淡泊啊，好像深沉的大海；飘荡啊，好像无有止境。

众人都有所施展，唯独我愚陋而笨拙。我与众人不同的，在于贵重那养育万物的“道”。

【评析】

本章主要通过描述得道之士（“我”）与俗众的不同追求来说明圣人的修养境界。开篇的“绝学无忧”让人费解。老子在第四十八章说“为学日益”，可见对“学”不持否定态度。本章开头举例敬诺和斥责相去不远，美好和丑恶也没有绝对的界限，现实中的标准和界限如此模糊，而“我”也不能不畏惧众人所畏惧的，所以，老子会有弃绝学问不受其干扰的想法。但是老子的“绝学”并非无知，而是比“学”更高层次的境界。就比如道教武术中，学习太极剑时要忘掉招式，摆脱具体招式的束缚，以无招胜有招，“无招”是对“有招”的超越。“绝学”就是要摆脱“学”的束缚，实现对“学”的否定式超越。

从这种超越中我们也可以看到得道之士（“我”）与俗众的不同。世俗之人精明灵巧，喜欢热闹，热衷于追求和炫耀富裕的生活；而“我”则落落不群，质朴愚钝，看上去没什么追求，和周遭的一切格格不入。但“我”并非浑浑噩噩毫无追求，“我”外表淡泊对外物不感兴趣，但内心激荡，充满对“道”的敬仰和追求。老子在这里用“婴儿之未孩”来形容得道之士的返璞归真，用“愚人”来形容得道之士的大智若愚，这些都体现了得道之士在学识修养、精神境界上对俗众的超越。

第二十一章

孔德之容[①],惟道是从。

道之为物,惟恍惟惚[②]。惚兮恍兮,其中有象[③];恍兮惚兮,其中有物。窈兮冥兮[④],其中有精[⑤],其精甚真[⑥],其中有信[⑦]。

自今及古[⑧],其名不去,以阅众甫[⑨]。吾何以知众甫之状哉?以此[⑩]。

【注释】

①孔德之容:大德的表现。孔,甚,大。德,“道”的显现和作用为“德”。容,状态,表现。

②惟恍惟惚:看不清楚。

③象:形象,具象,迹象。

④窈兮冥兮:深远暗昧啊。窈,深远,微不可见。冥,暗昧,深不可测。

⑤精:最微小的精质。

⑥其精甚真:这最微小的精质是很真实的。

⑦有信:真实可信验。

⑧自今及古:河上公本、王弼本作“自古及今”。据帛书本改。

⑨以阅众甫:依据它才能观察万物的本始。甫,通“父”,始。

⑩以此:根据“道”。此,指“道”。

【译文】

大德的表现,都以“道”为准则。

“道”这个东西，是恍恍惚惚的。它是那样的恍恍惚惚啊，其中却有形象；它是那样的恍恍惚惚啊，其中却有实物。它是那样的深远暗昧啊，其中却有微小的精质，这微小的精质是很真实的，其中是可信验的。

从现在上溯到古代，它的名字永远不能消除，依据它才能观察万物的本源。我怎么才能知道万物本源的情形呢？是根据“道”的运动变化认识的。

【评析】

本章和第十四章一样，都是描述形而上的“道”的。第十四章讲“道”若有若无，是“无状之状，无物之象”的存在，其形象捉摸不定但又确实存在。本章对“无状之状，无物之象”进行解释，明确提出虽然“道”“惚兮恍兮”“窈兮冥兮”，但其中有形象，有实物，有微小但真实的精质。正是因为其有，不是虚无，所以能产生万物，是宇宙万物的总根源。

“道”固然是恍恍惚惚、若有若无、若隐若现的，但它作用于万物时，却表现出某种规律，这些规律可作为我们人类行为的向导和准则。当我们在实践中运用这些准则时，便有了“德”。“德”的表现，比如自然无为、致虚、守静、柔弱、不争等，都是“道”的体现。

第二十二章

曲则全，枉[1]则直；洼则盈，敝则新；少则得，多则惑。

是以圣人抱一，为天下式[2]。不自见[3]，故明[4]；不自是，故彰；不自伐[5]，故有功；不自矜，故长。

夫唯不争，故天下莫能与之争。古之所谓"曲则全"者，岂虚言哉！诚全而归之。

【注释】

①枉：弯曲。

②是以圣人抱一，为天下式：所以圣人坚守"道"，来作为天下事物的准则。执一：执道，守道。一，指"道"。式，范式、准则。

③自见(xiàn)：自显于众，自我表现。见，同"现"。

④明：彰明，能够看清事物。

⑤自伐：自我夸耀。

【译文】

委曲反而能保全，弯曲反而能伸展；低洼反而能充盈，破旧反而能生新；少取反而能多得，贪多反而会迷惑。

所以圣人坚守"道"，来作为天下事物的准则。不自显于众，反能是非分明；不自以为是，反能声名昭彰；不自我夸耀，反能建立功勋；不自高自大，反而能长久。

正因为不跟人争，所以天下没有人和他争。古人所说的"委曲反而能保全"的话,怎么会是空话呢！它是实实在在能够达到的。

【评析】

本章一开始,老子列举了六个自然界和人类社会的以反求正的例子。"曲则全,枉则直;洼则盈,敝则新;少则得,多则惑"这几句虽然角度不同,但都反映了在事物的发展过程中,一味的向前和争取还不如向后退让,谦退不争反而能达成好的效果。刚则易折,水满则溢,而适当的弯曲俯就能为自己赢得成长的时机和空间,去实现最终质的飞跃。这是一种极为高明的生存智慧。

坚守"道"的圣人"不自见""不自是""不自伐""不自矜"。争强好胜、自以为是、伐功矜能这些不知进退的行为会让自己看不清是非,遭人诟病,不能长久,是典型的"不知常,妄作",所以圣人不会这样。最后,老子得出结论:"夫唯不争,故天下莫能与之争。"我们仔细思量,"不自见""不自是""不自伐""不自矜""不争"以及"曲""枉""洼""敝"这些准则对我们的为人处世也大有裨益,不与他人争名夺利,于低处积蓄力量,反而能不断超越自己,实现自己的人生价值。

第二十三章

希言自然[①]。

故飘风[②]不终朝，骤雨[③]不终日。孰为此者？天地。天地尚不能久，而况于人乎？

故从事于道者，同于道[④]；德者，同于德；失者，同于失[⑤]。同于德者，道亦德之；同于失者，道亦失之[⑥]。

信不足焉，有不信焉[⑦]。

【注释】

①希言自然：少发政令才合乎于自然而然的状态。希言，少说话。此处引申为统治者少施加政令。自然，自然而然。

②飘风：强风，大风。

③骤雨：急雨，暴雨。

④故从事于道者，同于道：所以从事于“道”的人，与“道”相合。

⑤失：指失道，失德。

⑥同于德者，道亦德之；同于失者，道亦失之：此句各本不一致，本书从帛书乙本。

⑦信不足焉，有不信焉：帛书甲、乙本并无此二句。然它本均有，放于此处亦可说通，故未删。

【译文】

少发政令才合乎于自然而然的状态。

所以狂风持续不了一早晨,暴雨下不了一整日。谁造成这样的情形呢？是天地。连天地的狂暴都不能长久,更何况是人造成的暴政呢?

所以从事于"道"的人,与"道"相合;从事于"德"的人,与"德"相合;失道失德的人,就会失去所有。合于德的行为,道会得到他;行为失德的,道也会抛弃他。

统治者的诚信不足,人民就不相信他。

【评析】

本章主要对统治者的"妄作"提出警示,认为其"不能久"。老子认为治理天下当依循自然,顺从民意,不可妄作非为,狂风暴雨般的暴政必不能长久,因为天地妄作狂风暴雨都不能长久,何况是人的行为呢？这一点早已在历史中被论证过无数次,统治者如果将暴政虐刑加于百姓,百姓必然奋起反抗,进而终结暴政。

统治者不可"妄作",依理,我们每个人的行为也应如此。违背自然状态的行为可以得逞一时,但不可长久。任何事物的发展都有一定规律,人为的对其加以干预,改变其状态,比如揠苗助长,必不能久。只有顺应自然的发展规律,才可长久。这个道理对于人的养身、祛病延年也同样适用。遵循"道法自然"的规律,按照自然规律去生活和行动,有利于人的身心健康发展;反之,违背自然规律的不良生活习惯和行为,会导致各种疾病,影响人的寿命。

第二十四章

企[①]者不立，跨[②]者不行，自见者不明，自是者不彰，自伐者无功，自矜者不长。

其在道也，曰余食赘形[③]。物或恶之，故有道者不处。

【注释】

①企：踮着脚。

②跨：抬腿越过，迈过，阔步而行。

③赘形：多余的东西。赘，多余的，多而无用的。

【译文】

踮着脚想要站得高，反而站不稳；迈起大步想要走得快，反而不能远行；自持己见的，反而看不分明；自以为是的，反而声名不彰；自我夸耀的，反而没有功劳；自大自满的，反而不得长久。

这些行为在“道”看来，都是剩饭赘瘤。人们厌恶这样的行为，所以有“道”的人不会如此。

【评析】

本章承接上两章，再次强调人应顺应自然。老子用“企者不立，跨者不行”这两个例子来说明反自然的行为无法持久，这种自作聪明的做法也许能有一时的效果，但结果却是适得其反。人们遇事应谦下退让，不可争胜逞强，因过分求进争强而违背自然的“自见”“自是”“自伐”“自矜”的行为都是多余的，遭人厌恶，有“道”的人当避免为之。

第二十五章

有物混成[①]，先天地生。寂兮寥兮[②]，独立而不改[③]，周行而不殆[④]，可以为天下母[⑤]。吾不知其名，强字之曰“道”[⑥]，强为之名曰“大”[⑦]。大曰逝[⑧]，逝曰远，远曰反[⑨]。

故道大，天大，地大，人亦大[⑩]。域中[⑪]有四大，而人居其一焉。

人法地，地法天，天法道，道法自然[⑫]。

【注释】

①有物混成：有一个浑然一体的事物。物，指“道”。混成，浑然一体，自然生成。

②寂兮寥兮：寂静无声而又空虚无形。寂兮，静而无声。寥兮，动而无形。

③独立而不改：独立长存而不改变。形容“道”的独立性和永恒性。

④周行而不殆：循环运行而永不停息。周行，循环运行。不殆，不停，不息。

⑤天下母：万物的根源。

⑥强字之曰“道”：勉强把它叫作“道”。

⑦“大”：形容“道”的无边无际，无所不包。

⑧大曰逝：广大无边而又运行不息。曰，这里三个“曰”字，可作“而”或“则”字解。逝，指“道”运行不息、永不停止的状态。

⑨反:同“返”,意为返回到本源处。

⑩人亦大:人也大。此处明确说明人在宇宙中的地位。

⑪域中:空间之中,宇宙之间。

⑫道法自然:“道”效法自然而然的原则。自然,《老子》中的“自然”指的不是客观存在的自然界,而是自然而然、顺其自然的意思。

【译文】

有一个浑然一体的事物,在天地还没有形成之前就已经存在。寂静无声而又空虚无形,独立长存而不改变,循环运行而永不停息,可以作为天地万物的根源。我不知道它的名字,勉强把它叫作“道”,再勉强命名为“大”。它广大无边而又运行不息,运行不息而又无处不到,无处不到而又返回本源处。

所以说道大,天大,地大,人也大。世间有四大,而人居其中之一。

人效法地,地效法天,天效法道,道效法自然而然的原则。

【评析】

本章集中描述了“道”的存在和运行。

“有物混成,先天地生”,这说明“道”是混沌未分、模糊一团的整体,这个浑然一体的东西是天地万物产生前的最初状态,在万物之先,具有时间先在性。“道”产生万物,是天地万物的总根源和总根据,万物都由它产生,是为“天下母”。

“寂兮寥兮”,我们既听不见它的声音,又看不见它的形体,但这个没有具体形象的东西是永恒存在的,它不依靠外力推动,自己就是自己存在和运动的原因。万物无时不在变化,唯有“道”永恒存在,作用永不停止。所以说“道”是“独立而不改,周行而不殆”的。“道”的运行是循环往复的。“大曰逝,逝曰远,远曰反”,“道”是广大无边的,它不停地运行,经过变动运转又回到原来的出发点。老子的这一观点带有浓厚的循环论色彩。

“道”是无声无形的,却又无限延伸(“大”),因此难以立名,只能勉强把它叫作“道”。同样广大无边且无限延伸的,除了“道”之外,还有天、地、人。在老子看来，天、地、人也具有“大”的特点，而之所以“大”，是“道”作用于其中的缘故。人生活于大地，效法大地生活作息，绵延不息；大地效法天时变换寒暑，滋养万物；天的运动变化则效法“道”；“道”则遵循自然而然的原则。实际上，天、地、人所要效法的都是“自然”，只要顺其自然，遵循内在的发展规律，就能“同于道”，具有“大”的特点。这里值得一提的是，老子哲学中，人具有很高的地位，是“域中有四大”之一，张岱年曾说：“哲学家中最初明白地说人有卓越位置的，是老子。”

第二十六章

重为轻根，静为躁君[①]。

是以君子[②]终日行不离辎重[③]。虽有荣观[④]，燕处[⑤]超然。奈何万乘之主[⑥]，而以身轻天下[⑦]？

轻则失本[⑧]，躁则失君。

【注释】

①静为躁君：沉静是急躁的主宰。君，主宰。

②君子：王弼本、河上公本作“圣人”，傅奕本、苏辙本、帛书本、北大汉简本等十几种古本为“君子”，据改。

③辎重：古代行军时随军携带的军械、粮食等物资。

④荣观：华丽的楼观，引申为华丽的生活。

⑤燕处：安居。燕，安闲，安乐。处，居处。

⑥万乘(shèng)之主：大国的君主。乘，指兵车的数量。万乘，指拥有万辆兵车的大国。

⑦以身轻天下：把自己看作是天下最轻的东西，指统治者以轻率急躁的态度来治理天下。

⑧轻则失本：轻率就失去了根本。

【译文】

稳重是轻率的根本，沉静是急躁的主宰。

所以君子整日行路从不离开粮草辎重。虽然有华丽的生活，却能泰然处之。为什么身为大国的君主，还要以轻率急躁的态度来治理天下呢？

轻率就失去了根本，急躁就失去了主宰。

【评析】

本章老子强调治理国家的人要处重守静。第十六章中老子提出致虚守静的原则，他认为万物的根源是“虚”“静”状态的，面对外界的干扰和诱惑，希望人们能够致虚守静。本章老子从“静”的反面来强调处重守静对统治者的重要性。重能御轻，头重脚轻定然不稳；静能制动，躁动无法持久，必然回归静的状态。“静”和“重”也是相关的，持重者恒静，所以老子重“静”贵“重”。

老子认为治理国家的人必须能够处重守静，夷险一节，不管在什么情况下都能泰山崩于前而色不变，麋鹿兴于左而目不瞬。一个统治者奔波中不离开粮草辎重，这就是谨慎稳重的表现；虽然享受尊荣，却不会沉溺其中，这就是清静的表现。然而老子目击当时的统治者，生活奢侈糜烂，行事急躁轻率，所以他发出“奈何万乘之主，而以身轻天下”的感慨。治理国家的人急躁冒进、政令轻率往往给国家和人民带来灾难；对个人来讲，急躁轻率的行事风格同样也不可取。时人做事急功近利，心浮气躁，不如宁静致远。

第二十七章

善行无辙迹[①]；善言无瑕谪[②]；善数[③]不用筹策[④]；善闭无关楗[⑤]而不可开；善结无绳约[⑥]而不可解。

是以圣人常善救人，故无弃人；常善救物，故无弃物。是谓袭明[⑦]。

故善人者，不善人之师；不善人者，善人之资[⑧]。不贵其师，不爱其资，虽智大迷。是谓要妙[⑨]。

【注释】

①辙迹：痕迹。辙，行车时车轮压的痕迹。

②瑕谪：过失，瑕疵。

③数：计算。

④筹策：古时计算用的器具。

⑤关楗(jiàn)：古代关门用的木闩，横的为关，竖的为楗。

⑥绳约：绳索。

⑦袭明：保持清明智慧。袭，承袭，有保持或含藏的意思。

⑧资：取资，借资，借鉴。

⑨要妙：精微深奥。

【译文】

善于行走的，不会留下痕迹；善于言谈的，没有过失；善于计算的，不必使用筹策；善于关闭的，不用栓锁别人也不能打开；善于捆缚的，不用绳索别人也不能解开。

因此，圣人总是善于做到人尽其才，所以没有被遗弃的人；总是善于做到物尽其用，所以没有被遗弃的物。这就叫保持清明智慧。

所以善人是不善人的老师，不善人是善人的借鉴。不尊重他的老师，不珍惜他借鉴的对象，虽然自以为聪明，其实是大大的糊涂。这就是精微深奥的道理。

【评析】

本章讲述老子“自然无为”思想在实践中的应用。

老子一开始即举例说明什么是“善”的境界：“善行”可以踏雪无痕，“善言”可以做到无懈可击，“善数”可以达到神机妙算，“善闭”可以巧夺天工，“善结”可以神乎其技。之所以有如此高深的境界，是因为行、言、数、闭、结都顺任自然的缘故。有道者行事能够顺任事物内在的发展规律，因势利导，往往能取得好的效果。庄子在《养生主》中举了庖丁解牛的例子，庖丁技艺高超正是因为他掌握了牛的内部肌理，顺着内在肌理解剖，因此能得心应手，游刃有余。

圣人待人接物能顺任自然。万物的存在皆有一定的道理，“有之以为利，无之以为用”，任何人与物都有其价值，天下无弃人、无弃物。圣人能够以本心的智慧，去了解和发现人之才、物之用，根据其本性去发挥人与物的价值。在老子看来，“善人”与“不善人”都有值得我们学习的地方，向“善人”学习其善之处，从“不善人”那里获得借鉴。不去学习和参透“善”与“不善”之理，是不智之举。

第二十八章

知其雄，守其雌[1]，为天下谿[2]。为天下谿，常德不离，复归于婴儿。

知其白，守其黑，为天下式[3]。为天下式，常德不忒[4]，复归于无极。

知其荣，守其辱，为天下谷[5]。为天下谷，常德乃足，复归于朴[6]。

朴散则为器[7]，圣人用之，则为官长[8]。故大制不割[9]。

【注释】

①知其雄，守其雌：深知雄强，却守在雌柔的位置。雄：比喻刚劲，强大。雌，比喻柔弱，谦下。

②谿(xī)：溪涧，两山间的河沟。

③式：模范，榜样。

④忒(tè)：差错。

⑤谷：深谷，峡谷。

⑥朴：真朴，指“道”的纯朴的原始状态。

⑦器：器物，指天下万物。

⑧官长：百官的首长，指统治者。

⑨大制不割：完整的政治是不割裂的。大制，大治。不割，或作“无割”，不分界限。蒋锡昌注：“‘大制’犹云大治，‘无割’犹云无治。盖无

治,可以使朴散以后之天下复归于朴,正乃圣人之大治也。”

【译文】

深知雄强,却守在雌柔的位置,做天下的溪涧。做天下的溪涧,常德就不会离失,回复到婴儿的状态。

深知光明,却守在黑暗的位置,做天下的榜样。做天下的榜样,常德就不会有差错,回复到广大无穷的状态。

深知荣显,却守在卑下的位置,做天下的川谷。做天下的川谷,常德才会充足,回复到真朴的状态。

真朴的“道”分散了,成为了天下万物,圣人守住真朴,则为百官之长。所以完善的政治不可支离割裂。

【评析】

本章老子提出“守雌”“复归于朴”的思想。“知其雄,守其雌”这句话是对“雄”者所说,拥有雄强力量的人深知自己雄强的特点,却甘愿守雌守辱、为谷为溪。老子认为真朴的“道”具有持静、处后、守柔、不争的特点,只有站在低处,才可使众流会注,拥有大德,回归到真朴自然却又用之无穷的状态。所以尽管可以展示自己的雄强力量,站在光明荣显处,老子却认为应当“守雌”居下,以谦下的姿态待人处世。为政者若能坚持雌柔原则,守朴无为,顺任自然,则天下大治。

老子的雌柔原则不是针对弱者设计的自我安慰式的权宜策略,而是强者应重视和遵循的根本性价值、方法和原则。至于弱者,老子并不主张一味地不争、守雌,而是应该耐心地积蓄力量,以“柔弱胜刚强”(见本书第三十六章)。

第二十九章

将欲取天下而为之①，吾见其不得已②。天下神器③，不可为也，不可执④也。为者败之，执者失之。

故物或行或随，或嘘⑤或吹，或强或羸⑥，或培或堕⑦。

是以圣人去甚、去奢、去泰⑧。

【注释】

①将欲取天下而为之：想要治理天下却恣意妄为。为，任意而为，靠强力去做。

②不得已：不可得，得不到。

③天下神器：天下是神圣的东西。天下，这里的天下是一个包括天下人在内的整体概念。

④执：把持，掌握。

⑤嘘：轻缓地吐气。出气急曰吹，缓曰嘘。

⑥羸（léi）：羸弱，虚弱。

⑦或培或堕：有的自爱，有的自毁。王弼本作"或挫或隳"，河上公本作"或载或隳"，据傅奕本、帛书本改。

⑧泰：极，太，过。

【译文】

想要治理天下却恣意妄为，我看那是办不到的。"天下"是个很神妙的东西，不能强力而为，不能加以把持。强力而为的人必定败乱天下，加以把持的人必定会失去天下。

所以天下事物各有不同,有的前行,有的后随;有的性缓,有的性急;有的刚强,有的羸弱;有的自爱,有的自毁。

因此,圣人要去除一切极端的、奢侈的、过度的措施。

【评析】

本章老子再次强调为政者应行“无为”之治。老子认为天下乃是“神器”,能自然而然形成和谐秩序,贵重而不可随意搅扰。天下间的物性不同,人性亦有其多样性,为政者要能允许差异性和特殊性的存在,对待天下人和事应顺人之情,依物之势,因势利导。如果忽略天下万物的多样性特点,将自己的主观意志转化为政令强加于人民,最终的结果必然是“败之”“失之”。这样的例子在中外历史上屡见不鲜。由此也可看出为政者的政令措施不可过于专制单一,不同的矛盾应用不同的方法去解决,幻想用一种工作方法去解决所有问题在现实中是行不通的,而极端的、奢侈的、过度的政举更是要坚决避免。

第三十章

以道佐人主者，不以兵强天下，其事好还[①]。师之所处，荆棘生焉；大军之后，必有凶年[②]。

善有果而已[③]，不以取强[④]。果而勿矜，果而勿伐，果而勿骄，果而不得已，果而勿强。

物壮则老[⑤]，是谓不道。不道早已[⑥]。

【注释】

①其事好还：用兵这种事一定会得到还报。其事，指用兵打仗这种事。还，还报，报应。

②凶年：灾年，荒年。

③有果而已：达到救济危难的目的就可以了。这里的“果”有几种解释：一、救济危难（王弼）；二、完成（司马光）；三、胜利（王安石）。鉴于老子坚定的反战立场，今译从王弼。

④不以取强：不依靠兵力来逞强。取强，逞强好胜。通行本为“不敢以取强”，帛书本为“毋以取强”，据帛书本删“敢”字。

⑤物壮则老：事物壮大之后就会趋于衰败。此处“壮”指武力强盛，喻指“以兵强天下”的人。

⑥不道早已：不合于“道”的，很快就会消逝。早已，早死，很快完结。

【译文】

用“道”辅助君主的人，不依靠兵力来逞强于天下，用兵这种事一定会得到还报。军队所到之处，荆棘丛生；大战过后，一定会出现灾年。

善于用兵的人，达到救济危难的目的就可以了，不依靠兵力来逞强。达到目的却不自大，达到目的却不夸耀，达到目的却不骄傲，达到目的是因为不得已，达到目的却不逞强。

事物壮大之后就会趋于衰败，这就叫作不合于“道”。不合于“道”的，很快就会消逝。

【评析】

本章老子明确表达了和平主义立场和反战思想。在老子看来，用武力逞强于天下是不合于“道”的行为，必然会招致还报。“大军之后，必有凶年”绝非虚言，无论取胜还是落败，战争必然会劳民伤财，给国家和社会带来深重灾难。汉武帝在位期间由于对外战争，大量农民流亡，人口锐减，国库几近空虚，汉朝也开始由盛转衰。取胜尚且如此，落败更不用说。老子正是看清了战争的危害，才强调“不以兵强天下”。

但是老子也并非反对一切战争。如果遭受侵略，国家和人民的安全得不到保障，那么必要的自卫是可以的。但也只是“有果而已，不以取强”，达到免于危难的目的就可以了，再去耀武扬威，逞强称能则不可取。因为“物壮则老”，强盛的极致也是衰败的开始，用武力逞强于天下不合于“道”，不合于“道”的事物，就如同疾风骤雨，很快就会消逝。历史上通过武力强盛的霸权主义国家都不持久，以武力征服天下的历史人物都难逃失败的命运，一再地印证着“不道早已”。老子的反战思想，无论在当时还是后世，都有其积极的意义。

第三十一章

夫兵者[1],不祥之器,物或恶之[2],故有道者不处。

君子居则贵左[3],用兵则贵右。兵者不祥之器,非君子之器,不得已而用之,恬淡[4]为上。胜而不美,而美之者,是乐杀人。夫乐杀人者,则不可得志于天下矣。

吉事尚左,凶事尚右。偏将军居左,上将军居右,言以丧礼处之。杀人之众,以悲哀泣之[5],战胜以丧礼处之。

【注释】

①夫兵者:兵器。兵者,指兵器。夫,发语词。通行本作"夫佳兵者",据帛书本改。

②物或恶之:人们都厌恶它。

③贵左:以左方为贵。古人尚左尚右并非一成不变,先秦时期认为左主吉,右主凶,因此吉事尚左,凶事尚右。

④恬淡:恬静淡泊。

⑤以悲哀泣之:以悲哀的心情来看待。泣:此处同"莅",参加、莅临、对待的意思。

【译文】

兵器是不祥的东西,人们都厌恶它,所以有道的人不用它。

君子平时以左方为贵,用兵时以右方为贵。兵器是不祥的东西,不是君子所使用的工具,不得已而使用它,最好淡然处之。胜利了也不要自得，如果自得，就是喜欢杀人。喜欢杀人的人，就不能实现治理天下的志愿。

吉庆的事情以左方为上，凶丧的事情以右方为上。偏将军居左，上将军居右，这是说要以丧礼仪式来处理用兵打仗的事情。杀人众多，要以悲哀的心情来看待，打了胜仗要依丧礼来处置。

【评析】

老子在本章中继续论述他的反战思想。老子直言兵器是不祥的东西，“有道者”深刻了解战争的残酷性，厌恶战争。当不得已自卫起兵时，也心怀“恬淡”之德。即使打了胜仗也不是值得高兴庆祝的事，因为战事一起，生灵涂炭，满目疮痍，交战双方都会有人员伤亡，更有大量的无辜百姓流离失所，因此要以丧礼仪式来处理用兵打仗的事情。

值得注意的是，即使是在不得已进行战争后，老子还是把对方当作“人”，而非“敌人”。“杀人之众，以悲哀泣之”里的人，显然也包括敌人。所以老子反战的立场是全人类的立场，老子着眼的天下是全天下，而不是某一国、某一邦的立场，这是一种对人性极为尊重和宽宏的人道主义精神。

第三十二章

道常无名，朴虽小[1]，天下莫能臣也[2]。侯王若能守之，万物将自宾[3]。

天地相合，以降甘露，民莫之令而自均[4]。

始制有名[5]，名亦既有，夫亦将知止，知止可以不殆[6]。

譬道之在天下，犹川谷之于江海[7]。

【注释】

①朴虽小：指“道”微小不可见。朴，指“道”。

②天下莫能臣也：天下没有人能收服它。臣，使之服从。

③自宾：自然地归从于“道”。宾，服从，归顺。

④民莫之令而自均：人们不需要给它指令，就能自然均衡。自均，自然均衡。

⑤始制有名：万物开始兴作，于是产生了各种名称。始，指万物的开始。制，作。“始制有名”即本书第二十八章所说的“朴散则为器”。

⑥知止可以不殆：知道适可而止就可以避免危险。知止，知道适可而止。不殆，没有危险。

⑦譬道之在天下，犹川谷之于江海：道的存在对于天下来说，有如河川流注江海一样。

【译文】

道是无名而质朴的，虽然微小不可见，天下却没有人能收服它。侯王如果能守住它，万物将会自然地归从。

天地间的阴阳之气相合，就降下甘露，人们不需要给它指令，就能自然均衡。

万物开始兴作就有了各种名称，有了名称后，就应该知道适可而止，知道适可而止就可以避免危险。

道的存在对于天下来说，有如河川流注江海一样。

【评析】

本章老子从宇宙总根源——“道”出发，提出“自宾”和“自均”的说法，进一步表达了“无为”的政治思想。道是无名的，质朴的，人们几乎感觉不到它的存在，虽然至柔至微却又至大，故“天下莫能臣也”。如果为政者能顺应“道”的特性治理天下，“万物将自宾”，也就是自己宾服于“道”，不需要强制。这样自然而然形成的秩序有如天地化育，无需指令就能达到均衡和谐的“自均”境地。

“道”生万物后，万物不断演化发展，发展到了一定程度就会定名分、设官职、立制度，形成自然的社会秩序。然而不能过分依赖名分制度，过分依赖名分制度容易使个体失去自主性和创造性，因此要适可而止。“道”在天下，只要顺其自然，一切就会回归于“道”，就像江海为河川所归。

老子反复讲到的“自化”“自定”“自正”“自均”“自实”“自朴”“自富”等都指的是一种没有外力干预的自发的状态。“自宾”是为了社会整体和谐而对自身的一种自觉而非被迫的制约，体现了个体的自我约束；“自均”则是不受直接干预自然就能得到利益，体现了个体的自主性和自足性。老子的“自然”是个体的自主性与个体自我约束的统一。因此，老子主张给予个体充分的自由发展空间，反对外来的控制与干涉，但个体的极端膨胀亦会破坏“无为之治”，所以老子也并不反对社会管理者必要的引导和调控。举例来说，当前中国建设社会主义市场经济，人民群众作为市场经济主体能自生自发地形成秩序，不需要政府直接插手微观经济活动，这正体现了老子的“自宾”和“自均”，政府只需建立好各种配套机制，从宏观加以调控即可。

第三十三章

知人者智，自知者明。胜人者有力，自胜者强[①]。

知足者富，强行[②]者有志。不失其所者久，死而不亡[③]者寿。

【注释】

①强：坚强，果决。

②强行：坚持不懈，勤勉力行。

③死而不亡：身虽死而"道"犹存。

【译文】

了解别人的是智，了解自己的才算明。战胜别人的是有力，战胜自己的才算坚强。

知道满足的就是富有，坚持不懈的就是有志。不离开根基的就能长久，身虽死而"道"犹存的才是长寿。

【评析】

本章老子从个体与他者的关系入手，强调个体的自我约束和自我建设。在老子看来，了解别人、战胜别人十分重要，但是了解自己、战胜自己更加的重要。只有了解并克服自己的弱点，不断地完善和超越自己，才能更好地把握"道"的规律。在这个过程中，坚持不懈非常的重要，克服自己本性的弱点本就是一个艰苦漫长的过程，"强行"也说明在自我约束和自我建设中肯定会有所勉强。但这种勤勉的修身养德是非常有益的，有志者只要不离开"道"的根基就能长久，即便身死精神却能不朽。

第三十四章

大道泛[①]兮，其可左右[②]。万物恃之以生而不辞[③]，功成不名有[④]，衣养[⑤]万物而不为主。常无欲，可名于小；万物归焉而不为主[⑥]，可名为大。以其终不自为大，故能成其大。

【注释】

①泛：广泛，无处不在。

②其可左右：可左可右，形容"道"无所不到。

③万物恃之以生而不辞：万物依恃它生长，它却从不言说。辞，言说，称说。

④不名有：不居功，不自以为有功。

⑤衣养：养之覆之，护持，护养。

⑥万物归焉而不为主：万物都归附于它，而它不自以为主宰。

【译文】

大道广泛流行，无所不到。万物依赖它生长，它却从不言说；成就万物，而不自以为有功；养育万物，而不自以为主宰。它从没有任何欲望，可以称它为"小"；万物都归附于它，而它不自以为主宰，可称它为"大"。正因为它不自认为伟大，所以才能够成就它的伟大。

【评析】

本章说明"道"的特性和作用。"道"创生万物，养育万物，使万物按其本性自由生长，各得其所，而它又不主宰万物，完全顺任自然。这些观点，老子在前面某些章节中已经做过论述。“道”可以名为“大”，也可名为“小”。“道”之“大”的根本原因在于“道”是万物的总根源和总根据，对万物的存在和发展有决定作用。但是“道”又“不为主”，“不自为大”，不宣称自己是万物的依靠，不主宰和控制万物，其对万物的决定作用是间接的、缓和的、无意识的，万物也感觉不到“道”的作用和影响。所以，所谓“大”与“小”只是道的特性的不同侧面。“道”之“大”名其功能、作用和贡献，道之“小”名其作用万物的方式、风格和表现。

由以上章节我们可以发现，“道”的规律作用于万物不是简单的决定与被决定的关系。“道”决定事物发展的总趋势，但具体事物在发展过程中，有相当大的自主性和能动性，也可能出现背离“道”的情况，但这种背离如同暴雨和暴政，不会持久，万物的发展最终会顺应“道”的规律。

第三十五章

执大象[①]，天下往。往而不害，安平太[②]。

乐与饵[③]，过客止。道之出口，淡乎其无味，视之不足见，听之不足闻，用之不足既[④]。

【注释】

①大象：大道。象，喻指“道”。

②安平太：平静而祥和。安，乃，则，于是。太，通“泰”，安宁，安定。

③乐与饵：音乐和美食。

④用之不足既：用它用不完。既，尽，完。

【译文】

执守大道，天下人便都来归附。都来归附而不互相伤害，于是大家都平和安宁。

音乐和美食，能使过路的人留步。而“道”如果说出口，却平淡得没有味道，看它看不见，听它听不清，用它却用不完。

【评析】

本章说明“道”的作用和特点。对老子来说，认识“道”无疑是重要的，但更为重要的是践行“道”的原则。上章讲到“道”生养万物却不居功，其性至大又不自恃自宰。圣人践行“道”的原则，百姓日享其益却不用受其主宰和控制，自然便能使“天下往”且“往而不害”。

悦耳的音乐和美味的佳肴给人们带来愉悦的享受，依靠它们能吸引人驻足，但却不可持续和长久。而“道”的原则如自然无为、致虚守静、柔弱、不争、生而不辞等都平淡无奇，但只要在实践中不断地去参悟它，运用它，就会发现它用之不竭。

另外，《老子》全书十分注意用韵，在先秦时代，它应当是适于吟唱、便于传播的。读此章，我们便能深刻体会到这一特点。

第三十六章

将欲歙[①]之，必固[②]张之；将欲弱之，必固强之；将欲废之，必固兴之；将欲夺[③]之，必固与之。是谓微明[④]。

柔弱胜刚强。鱼不可脱于渊，国之利器不可以示人[⑤]。

【注释】

①歙(xī)：同“翕”，敛，合。

②固：必然，一定。

③夺：夺取。通行本与帛书本均作“夺”。《韩非子·喻老》引作“取”，范应元本及彭耜本亦作“取”。本书从通行本。

④微明：微妙的先兆。

⑤国之利器不可以示人：国家的利器不可以随便向人炫耀。“利器”一词，有几种理解：一说指权道(河上公)；一说指赏罚(韩非子)；一说指圣智仁义巧利(范应元)；一说指国之威武权势之属(薛蕙)。本章“利器”应指展现国家强盛的权势、军力等。示人，给人看，向人炫耀。

【译文】

将要闭合它，必先张开它；将要削弱它，必先使它强盛；将要废弃它，必先兴举它；将要夺取它，必先给与它。这就是微妙的先兆。

柔弱胜过刚强。鱼不能离开深渊，国家的利器不可以随便向人炫耀。

【评析】

本章老子提出“柔弱胜刚强”的道理。

此段文字历代解读甚多,但常被误解为含有权诈之术。老子的这段话只是在分析事物发展的规律,他指出事物常依"物极必反"的规律运行,"物壮则老",势强必弱,当事物发展到了顶盛的极致,就必然会向相反的方向变化,比如月满则亏,水满则溢,这是自然之理。在此老子举出"张"与"歙"、"强"与"弱"、"兴"与"废"、"与"与"夺"转化的四对例子:张开到了极致必然会闭合,强盛到了极致必然会衰弱,兴盛到了极致必然会衰败,给予到了极致必然会夺取。因此,可以视"张"为"合"的征兆,"强"为"弱"的征兆,"兴"为"废"的征兆,"与"为"夺"的征兆,这就是老子所说的"微明"。

认识到了这个"微明",我们在实践中便可以从目的的反面入手,从而获得正面的结果,以反求正。弱者可以利用这一规律胜过强者,强者也应该懂得这一规律,以避免走向自己的反面。老子揭示出自然界和人类社会中对立面相互转化的辩证原理,给处在弱势中的群体带来扭转现状的信心和方法,也给强者以警示,应"知其雄,守其雌"。

同理,国家也不可自恃强大。鱼潜深渊能活,鱼若脱于渊,则不能活。因此,国家守柔可以常安,若自恃强大将利器炫耀于人,则会走向强盛的反面。历史上炫耀自己强力,称霸于世的国家都不可避免地走向了衰败。

第三十七章

道常无为而无不为[①]。侯王若能守之，万物将自化[②]。化而欲作，吾将镇之以无名之朴[③]。无名之朴，夫亦将无欲。不欲以静，天下将自定。

【注释】

①道常无为而无不为：道顺任自然，无所作为，然而没有一件事不是它所为。“无为”是指顺其自然。“无不为”是说没有一件事不是它所为，这是“无为”所带来的结果。

②自化：自生自长，自我发展。

③镇之以无名之朴：用“道”的真朴来安定它。镇，安定之意。无名，喻指“道”。朴，形容“道”的真朴。

【译文】

道顺任自然，好像是无所作为，然而没有一件事不是它所为。侯王若能持守它，万物就会自我发展。自我发展而产生贪欲时，我就用“道”的真朴来安定它。用“道”的真朴来安定它，就不会起贪欲。不起贪欲而日趋宁静，天下自然就会安定。

【评析】

本章老子提出自然无为的政治主张。

“道”作为宇宙的总根源和总根据，创生万物，养育万物但又完全顺任自然，好像是无所作为，但又无处不在，万物都须依循“道”的规律而为，可以说“道”无不为。为政者若能执守“道”，使万物按其本性自然生长，让人民能够自由发展，万物就能自我化育。如果万物在自我化育过程中产生了贪欲，想要胡作非为，为政者则应“行不言之教”，以化解过多的欲望，逐渐形成淳朴的民风，让百姓“复归于朴”，社会就会趋于和谐安定。

老子一再强调为政者的态度是“无为”，但“无为”并非“全不事事”（朱熹）。“无为”只是治理的方法和原则，“无不为”是其效果和目的。《老子》第二章即谈到“生而不有，为而不恃，功成而弗居”，可见老子最终的目的还是有为，只是这种“为”是无私的，是着眼于天下人利益而非一己之利的“为”。

第三十八章

上德不德[①]，是以有德；下德不失德[②]，是以无德[③]。

上德无为而无以为[④]；上仁为之而无以为；上义为之而有以为；上礼为之而莫之应，则攘臂而扔之[⑤]。

故失道而后德，失德而后仁，失仁而后义，失义而后礼。

夫礼者，忠信之薄，而乱之首[⑥]。

前识者[⑦]，道之华[⑧]，而愚之始。是以大丈夫处其厚[⑨]，不居其薄[⑩]；处其实，不居其华。故去彼取此。

【注释】

①上德不德：上德的人不刻意求德。上德，最高尚的德。

②下德不失德：下德的人刻意求德。

③无德：无法体现真正的德，没有达到德的境界。

④上德无为而无以为：上德的人无所作为且并无居心。以，有心，故意。无以为，即无心作为。通行本此句后为“下德无为而有以为”，帛书甲、乙本均无此句。因老子此处主要论述德、仁、义、礼之递进表现，疑此句为后人衍出，故删去。

⑤攘臂而扔之：伸出手臂，强迫别人顺从。攘臂，捋起袖子，伸出手臂。扔，引，用强力拽。

⑥忠信之薄，而乱之首：忠信的不足，而且是祸乱的开端。薄，不足，稀薄。首，开端。

⑦前识者：预设、制定种种礼仪规范。者，助词。

⑧华：虚华，浮华外表。

⑨处其厚：立身敦厚朴实。

⑩薄：浇薄，浮薄，不淳朴敦厚。

【译文】

上德的人不刻意求德，反而确是有德；下德的人刻意求德，反而没有达到德的境界。

上德的人无所作为且并无居心；上仁的人有所作为却并无居心；上义的人有所作为且出于有意；上礼的人有所作为而得不到响应，于是就伸出手臂，强迫别人顺从。

所以失了道而后讲求德，失了德而后讲求仁，失了仁而后讲求义，失了义而后讲求礼。

礼的出现，意味着忠信的不足，而且是祸乱的开端。

预设的种种礼仪规范，不过是道的浮华外表，是愚昧的开始。因此，大丈夫立身敦厚，而不居于浮薄；内心朴实，而不陷于浮华。所以舍弃浮薄而选取淳朴敦厚。

【评析】

本章老子以“道”来观察德、仁、义、礼四者的不同层次。无形无迹的“道”作用于现实，便形成了德。德作为“道”的体现，必然会坚持“道法自然”的原则。最高尚的德顺任自然，不刻意求德，也从不炫耀自恃，完全合乎“道”的精神，“是以有德”。但是“下德”有了居心，抱着功利的目的，有刻意的成分，“是以无德”。故“德”有上下之分。

接下来老子从两方面对德、仁、义、礼进行了分析和衡量，一是行动上是否“无为”，二是动机上是否刻意而为、有无居心。“上德”之人行动上“无为”，动机上也不刻意而为、没有居心，合乎“道”的精神；“失德而后仁”，次一等的“上仁”之人有所作为，但是不刻意而为、没有居心；“失仁而后义”，再次一等的“上义”之人有所作为，并且有特定目的；“失义而后礼”，最次的“上礼”不仅有所作为，而且还有勉强他人的成分。礼仪规范制度是带有某种限制性的社会制度，往往因为缺乏内在真实情感而徒有其表。如果到了失德、失仁、失义而仅靠形式化的礼来维持社会秩序的时候，就说明社会忠信不足，将会陷于动乱。老子倡导的是摒去了外在浮华的形式，着重于德之实在的价值标准和社会行为。

本章因为从某些方面批评了仁义礼乐，引起了老子是否反儒的争议。根据上文的分析，老子主要针对的是当时重礼之形式而轻德之实在的社会行为。在老子那个时代，仁义礼乐为争权者所盗用，成为沽名钓誉的工具，不再是自然的、发自内心的行为。因此，老子批评的是传统道德在实践过程中所出现的背离"道"的倾向和行为，而并非仁义礼乐本身。而且老子在第八章说"与善仁"，第十八章亦云"大道废，有仁义"，可见对仁义是持肯定态度的。所以，只要仁义礼乐的实践是自然而然的、人性的，老子是不反对的。

第三十九章

昔之得一[①]者：天得一以清，地得一以宁，神得一以灵，谷得一以盈，万物得一以生[②]，侯王得一以为天下正[③]。

其致之也[④]，谓天无以清将恐裂[⑤]，地无以宁将恐废[⑥]，神无以灵将恐歇[⑦]，谷无以盈将恐竭，万物无以生将恐灭，侯王无以贵高将恐蹶[⑧]。

故贵以贱为本，高以下为基。是以侯王自谓孤、寡、不穀[⑨]。此非以贱为本邪？非乎？故至誉无誉[⑩]。是故不欲琭琭[⑪]如玉，珞珞[⑫]如石。

【注释】

①得一：得到“道”。一，代指“道”。

②万物得一以生：王弼本等通行本有此句，帛书甲、乙本均无此句，相应的也没有其后的“万物无以生将恐灭”。本书从通行本。

③正：安定。王弼本、傅奕本作“贞”，河上公本、帛书甲、乙本俱作“正”，“贞”“正”古字通用，本书从帛书本。

④其致之也：由此推衍，推而言之。

⑤谓天无以清将恐裂：天如果一直清明下去，恐怕就要崩裂。谓，假如说。通行本无“谓”，据帛书本补。无以，帛书甲、乙本均作“毋已”，有无休止、无节制之意。

此段话也有两种解读。本句如按通行本“无以”作解，意为天如果不能保持清明,恐怕就要崩裂。从反面强调“道”对宇宙万物的重要性。如按帛书本“毋已”作解,则强调万物要有节制,不可一直处于高处。此解亦与下句“贵以贱为本”相接。本书从此解。

⑥废:震裂崩溃。通行本作“发”,疑为“废”之省形。

⑦歇:消失,绝灭,停止。

⑧侯王无以贵高将恐蹶:侯王如果一直保持高贵姿态,恐怕就要失败。贵高,王弼本、河上公本、帛书本作“贵高”,范应元本、赵至坚本作“贞”,本书从帛书本。蹶,跌倒,挫折,失败。

⑨孤、寡、不穀:古代帝王的自称、谦称。

⑩至誉无誉:世上最好的称誉就是没有称誉。

⑪琭琭:形容玉的珍贵华美。

⑫珞珞:形容石的坚硬朴实。

【译文】

自古以来,凡是得到“一”(“道”)的:天得到“一”因而清明,地得到“一”因而宁静,神得到“一”因而灵验,河谷得到“一”因而充盈,万物得到“一”因而生长,侯王得到“一”因而使天下安定。

推而言之,天如果一直清明下去,恐怕就要崩裂;地如果一直宁静下去,恐怕就要震溃;神如果一直灵验下去,恐怕就要消失;河谷如果一直充盈下去,恐怕就要涸竭;万物如果无节制地生长,恐怕就要绝灭;侯王如果一直保持高贵姿态,恐怕就要失败。

所以尊贵以低贱作为根本,高处以低处作为基础。因此,侯王自称为“孤”“寡”“不穀”。这不是把低贱当作根本吗?岂不是吗?所以世上最好的称誉就是没有称誉。因此,不愿意像美玉那样的华美,宁可如石头那样的坚实。

【评析】

本章第一句主要论述“道”的作用,开头的“一”代指“道”,之所以用“一”主要是为了突出“道”作为世界总根源和总根据的统一性、唯一性。万物都从这唯一的总根源里产生,并从它那里获得源源不断的生命养分。天、地、神、谷、万物、侯王，都因为得到了“道”而成其伟大。

但是天地万物处于不断的运动变化中，无休止、无节制地保持天之清明、地之宁静、神之灵验、谷之充盈、万物之生长、侯王之贵高，则天、地、神、谷、万物、侯王都难以免于倾覆的境地。须知天有昏暗之时，地有崩塌之时，神有不灵之时，谷有干涸之时，侯王有不再贵高之时，万物不可能长期处于一种状态尤其是贵高的状态而不发生改变，事物发展到了极致会朝自己的对立面转化。历史上也有不少前期清明的皇帝在执政晚期昏聩失察，造成国家动乱，究其原因，是因为他们长期居于高位，忘记了立身为政的根本。所以说“贵以贱为本，高以下为基”，低贱是尊贵的根本，没有低贱作根基，尊贵无法维系；低处是高处的基础，低处不稳固，高处就会崩塌。因此，为政者当曲己下人、谦卑自守，无须光华如玉，而应朴实坚忍。

由本章也可看出，老子处世的态度虽然经常提倡处下、居后、谦卑，但也并不排斥居于高位。执守“道”而居于高位能使天下安定，这是值得称誉的。在高位待久了，也应放下身段，体察下情。如果能够居高而又能处下，则当“至誉”。当今世界社会分工日益细化，各个领域、各个行业都有高处和高位，如能领悟老子思想精髓，则能长久立于不败之地，造福社会。

第四十章

反者道之动[1]，弱者[2]道之用。

天下万物生于有，有生于无[3]。

【注释】

①反者道之动："道"的运动是循环往复的。反，通常有两种解释：一、与"正"相对，相反，对立面；二、作"返"讲，循环往复。老子的"反"应包含了以上两层意思。

②弱者：柔韧，柔弱。

③天下万物生于有，有生于无：此句郭店简本为"天下之物生于有，生于无"。本书从通行本。

【译文】

"道"的运动是循环往复的，"道"发生作用是柔弱的。

天下万物生于有，有生于无。

【评析】

在本章里，老子用两句话，讲述了"道"的运动变化的特点和"道"施加于天下万物的作用。

"反者道之动"，老子认为"道"的运动是不断地向自己的对立面转化，经过两次转化从而返回自身的循环往复过程。这里的"反"主要有两层含义：一是说矛盾对立面之间相反相成的作用，作"反"讲。比如第二章的"天下皆知美之为美，斯恶已；皆知善之为善，斯不善已"，再比如第五十八章的“祸兮，福之所倚；福兮，祸之所伏”，都是论述事物向自己对立面的转化。二是说事物是运动变化、循环往复的，作“返”讲。比如第十六章的“夫物芸芸，各复归其根”，再比如第二十五章的“强为之名曰大，大曰逝，逝曰远，远曰反”，都是论述“道”的运动的循环往复、返本复初的特点。

“弱者道之用”，这是“道”的另一个特点。“道”作为万物总根源和总根据，对万物的存在并没有直接具体的规定、限制和控制，“道”在发挥作用的时候，只是顺任自然，用的是柔弱的方法，万物自身并没有感到有强制压迫的力量。可以说“道”的决定作用是一种弱性决定作用。

“天下万物生于有，有生于无。”这是说明天下万物生成的根源。这里的“有”“无”均指“道”。冯友兰在《中国哲学简史》中指出：“老子这句话，不是说，曾经有个时候只有‘无’，后来有个时候‘有’生于‘无’。它只是说，我们若分析物的存在，就会看出，在能够是任何物之前，必须先是‘有’。‘道’是‘无名’，是‘无’，是万物之所从生者。所以在是‘有’之前必须是‘无’，由‘无’生‘有’。这里所说的属于本体论，不属于宇宙发生论。”就此而言，“有”和“无”是“同出而异名”，都是生成万物的根源。

第四十一章

上士闻道，勤而行之；中士闻道，若存若亡；下士闻道，大笑之。不笑不足以为道。

故建言[①]有之：明道若昧，进道若退，夷道若颣[②]。上德若谷，大白若辱[③]，广德若不足，建德若偷[④]，质真若渝[⑤]。大方无隅[⑥]，大器晚成，大音希声，大象无形。道隐无名。

夫唯道，善贷且成[⑦]。

【注释】

①建言：立言，陈述主张或意见。

②夷道若颣(lèi)：平坦的道好似崎岖不平。夷道，平坦的道。颣，丝上的结，引申为崎岖不平。

③大白若辱：极度的白好像含垢的样子。辱，黑垢。

④建德若偷：强健的德好像懈怠的样子。建，通“健”。偷，惰，懈怠。

⑤质真若渝：质朴纯真好似随物变化的样子。渝，变。

⑥大方无隅：最方正的东西好像没有棱角。隅，角落。

⑦善贷且成：善于创生万物并使万物成长。贷，施与，给予。

【译文】

上士听见了“道”，努力不懈地去实行；中士听见了“道”，将信将疑；下士听见了“道”，哈哈大笑。不被人嘲笑，就不足以称为“道”！

所以古代立言之人说过这样的话：光明的道好像暗昧，前进的道好像后退，平坦的道好像崎岖不平。高尚的德好像低下的川谷，极度的白好像含垢的样子，广大的德好像不足的样子，强健的德好似懈怠的样子，质朴纯真好像随物变化的样子。最方正的东西好像没有棱角，最大的器物总是最晚完成，最大的声音反而听来无声无息，最大的形象反而看不见形迹。“道”微隐而没有名称。

只有“道”善于创生万物并使万物长成。

【评析】

本章前面先讲了“上士”“中士”“下士”对“道”的反映。上、中、下不是以政治上的等级制度为标准，而是以其对“道”的认识程度为标准进行的划分。老子的“道”非常玄妙，无形无迹但作用无穷，不易理解，不易把握。“道”落实到现实中的许多原则，比如自然无为、致虚守静、柔弱不争、为而不恃等对许多人来说显得不现实，特别是在老子那个时代，人们更加信奉和追逐强权，很难相信顺任自然就能实现社会和谐，不争就能实现天下莫能与之争。所以对这些异于常情、出乎常理的道理有人将信将疑，有人哈哈大笑。

老子借用古代立言之语来说明“道”既伟大又平常的特点。“明道若昧，进道若退，夷道若纇。”现实中光明、前进和平坦的大道看上去却是暗昧、后退和崎岖。同样，高尚德性的显现，不是外炫的，而是隐藏甚至是从反面来显现的。品德高尚的人，往往能虚怀若谷；真正的清白，反而好像在含垢忍辱；广大之德不拘泥于细枝末节，往往被看作有所不足；强健之德不争是非曲直，容易被人看作怯懦；质朴纯真之德毫无修饰夸张，容易被人当作空虚无物。“大方无隅，大器晚成，大音希声，大象无形”，现实中至大至伟的事物看上去反而像它的反面，于反面彰显它们的伟大。大“道”也是如此，创生万物并使万物长成的“道”反而是无名无形的平常之物。这些道理，只有“上士”能领会，普通人难以参悟。

正面的事物通过反面彰显，从其对立面体现它的价值，这是老子辩证思维的一个特点。这也给我们平时看待和分析问题提供了一个新的角度。

第四十二章

道生一，一生二，二生三，三生万物[①]。万物负阴而抱阳[②]，冲气以为和[③]。

人之所恶，唯孤、寡、不穀，而王公以为称。故物或损之而益，或益之而损。人之所教，我亦教之。强梁者不得其死，吾将以为教父[④]。

【注释】

①道生一，一生二，二生三，三生万物：这是老子著名的宇宙生成论的提法，描述道生成万物的过程。这一过程是由简至繁的，因此用数字一、二、三来代指。老子使用一、二、三的原意并不一定对应有特殊的指称。目前多数学者采用《淮南子·天文》里的解释，"一"是指元气未分的"道"，"二"是指"道"所蕴藏的阴阳二气，"三"是指阴阳二气及阴阳合气。

②负阴而抱阳：背阴而向阳。负，背。

③冲气以为和：阴阳二气相互冲突交融形成和谐状态。冲，冲突，交融。和，阴阳适均而不偏胜。

④教父：施教的根本。

【译文】

"道"浑然一体，它内部蕴含阴阳二气，阴阳二气相交形成一种适均的状态，万物都由此产生。万物都是背阴而向阳，阴阳二气相互冲突交融形成和谐状态。

人所厌恶的，就是沦为“孤”“寡”“不穀”，但是王公却用来称呼自己。所以一切事物，有时受损反而能获益，有时获益反而会受损。别人教导我的，我也用来教导别人。强横凶暴的人不得善终，我把它当作施教的根本。

【评析】

本章主要讲的是道生万物的过程。这里所说的“道生一，一生二，二生三，三生万物”，乃是老子对“道”创生万物的活动过程所作的理论假设。这一过程是由混沌到具体，由单一到繁多的过程。“万物负阴而抱阳，冲气以为和”，老子指出，万物内部都有阴阳两面，两者在不断的运动中形成一种平衡的和谐状态，“和”字体现了阴阳之间相依相存的互利共生关系，阴阳平等、阴阳和谐是老子比较肯定的一种状态，对其后的道教影响深远。

纵观《老子》全文，我们发现老子对“道”的描述都十分模糊，这种未言明的模糊性恰恰是老子高明的地方。关于宇宙的起源问题，至今科学也没有确切结论，我们现在对宇宙总根源问题的种种解释，其实都有一定的猜测性。老子对“道”的模糊解释既肯定世界有其统一性及根源，否定了神的存在，又看到了人类在宇宙万物终极问题上认识的局限性，显示出古人在这一哲学问题上的智慧。

本章分两段，后一段文字强调事物都有两面性，有时受损反而能获益，有时获益反而会受损。因此宁愿退后谦让，持柔自守，不可骄矜恃强。后半段和前半段文意并不相属，疑是他章错简。高亨、陈柱、严灵峰等学者疑为第三十九章文字移入。

第四十三章

天下之至柔，驰骋[①]天下之至坚。无有入无间[②]，吾是以知无为之有益。

不言之教，无为之益，天下希[③]及之。

【注释】

①驰骋：纵马疾驰，此处有驾驭的意思。

②无有入无间：无形的东西能够穿透没有间隙的东西。无有，至虚之谓，没有具体形象的东西。无间，至实之谓，没有间隙的东西。

③希：同"稀"，很少，稀少。

【译文】

天下最柔软的东西，能驾御天下最坚硬的东西。无形的东西能够穿透没有间隙的东西，我因此懂得无为的益处。

不言的教化，无为的益处，天下很少有人能够做得到。

【评析】

本章通过强调"柔"的作用来说明"无为"的效果。老子在第三十六章即提出"柔弱胜刚强"，认为"柔"中包含有坚韧无比的特质，胜过刚强，比如水滴石穿；"无有"之物无所不在，连"无间"之物也能进入，比如光穿透玻璃。因此，虚无柔弱之道，无往不利，无物不克。

同理，在社会生活中，至柔、无有之道也能解决至坚、无间之事。遵循自然的价值原则，行不言之教，为无为之事就是行至柔、无有之道，能解决最困难复杂的社会问题。而积极有为的方法虽然在短期内有不错的效果,但却容易掩盖矛盾,出现更深层次问题,从长远看并非解决问题的根本之道。老子的“不言之教,无为之益”能令万物各得其所,各展所长,自然地趋向和谐和均衡,但却很少有人做得到。

第四十四章

名与身孰亲？身与货孰多[①]？得与亡孰病[②]？

甚爱必大费[③]，多藏必厚亡[④]。

故知足不辱[⑤]，知止不殆，可以长久。

【注释】

①身与货孰多：生命和钱财相比哪一样更贵重。多，贵重。货，钱财。

②得与亡孰病：得到名利和丧失生命相比哪一样更有害。得，得到名利；亡，丧失性命。病，有害。

③甚爱必大费：过于爱重就必定要付出很大的耗费。王弼本、傅奕本在“甚爱必大费”前有“是故”两字，河上公本、帛书甲本无，根据上下文意删去。

④多藏必厚亡：丰厚的藏货就必定会招致惨重的损失。

⑤故知足不辱：通行本没有“故”字，据郭店简本、帛书甲本补。

【译文】

名声和生命相比哪一样更亲近？生命和钱财相比哪一样更贵重？得到名利和丧失生命相比哪一样更有害？

过分的爱重就必定要付出很大的耗费，丰厚的藏货必然会招致惨重的损失。

所以知足就不会受到屈辱，知道适可而止就不会招致危险，这样就可以保持长久。

【评析】

本章与第十三章一样，是阐释“贵身”思想的。

本章一开始即提出三个问题，追问生命和名、利之间孰轻孰重，老子的答案是身比名亲，身比货多。这里的身或生既包含自然肉体生命，也包含社会层面的生存。老子认为，对待名利要适可而止，过于爱重名利必然会付出身或生的代价，给自己招来危险。所求过多，必然会付出极大的心力去追求和维护，及至所得甚多时，丰厚的藏货必然会吸引觊觎的目光，给自己招来危险。“匹夫无罪，怀璧其罪”，即使最后能保全自己也是损失惨重。因此，在心理上“知足”，在行为上“知止”，才可善始善终，保持长久。

与儒家的重义轻利以及其后的“重义轻生”（语出《晋书·忠义传赞》）思想相比，老子更看重的是身或生而非仁义。重视个体的生命价值以及身心的全面修行是老子思想的重要特点，道教的“性命双修”的教义即来源于此。

第四十五章

大成[1]若缺，其用不弊。

大盈若冲[2]，其用不穷。

大直若屈，大巧若拙，大辩若讷。

躁胜寒，静胜热[3]。清静为天下正。

【注释】

①大成：最圆满的东西。

②大盈若冲：最充盈的东西好像空虚的样子。冲，空虚，同第四章“道冲”之“冲”。

③躁胜寒，静胜热：运动可以抵制严寒，安静可以化解炎热。躁，动，运动。

【译文】

最圆满的东西好像有欠缺的样子，但是它的作用不会停止。

最充盈的东西好像空虚的样子，但是它的作用不会穷竭。

最正直的东西好像弯曲的样子，最灵巧的东西好像笨拙的样子，最卓越的辩才好像木讷的样子。

运动可以抵制严寒，安静可以化解炎热。清静无为可以做天下的表率。

【评析】

本章是对“大成”“大盈”之完美人格形态的描述。“大成”“大盈”“大直”“大巧”“大辩”都不是一般的成、盈、直、巧、辩，而是更为真实和完满的成、盈、直、巧、辩，它们之所以完满而不敝不穷，正是因为它们“若缺”“若冲”“若屈”“若拙”“若讷”。任何事物本就是正反面并存，正反面也都有各自的优缺点，容纳和吸收了反面成分的德行才是最真实和圆满的德行。比如“大成”正是结合了正面的“成”和反面的“缺”两方面的优点，是更加完善和圆满的“成”，所以“其用不弊”，因其吸收了“缺”的优点，所以呈现出“缺”的样子，是谓“大成若缺”。

“躁胜寒，静胜热”说明相反的事物之间可以相互制约，因此天下间的有为之事可以用“清静无为”的方式解决。

第四十六章

天下有道，却走马以粪[①]；天下无道，戎马生于郊[②]。

罪莫大于甚欲，咎莫大于欲得，祸莫大于不知足[③]。故知足之足，常足矣[④]。

【注释】

①却走马以粪：把战马退回给农夫用来耕种田地。却，退回。走马，良马，战马。粪，耕种，播种。

②戎马生于郊：战马就在郊野出生，意即连怀胎的牝马也要送上战场，喻战争之无道。戎马，战马。

③罪莫大于甚欲，咎莫大于欲得，祸莫大于不知足：本句各个版本文字、顺序有所不同，河上公本、傅奕本开头一句均是“罪莫大于可欲”，王弼本作“祸莫大于不知足，咎莫大于欲得”，郭店简本为“罪莫厚乎甚欲，咎莫憯乎欲得，祸莫大乎不知足”。郭店简本顺序最优，从之。

④故知足之足，常足矣：所以懂得满足的这种满足，是永远的满足。

【译文】

治理天下合乎道，把战马退回给农夫用来耕种田地；治理天下不合乎道，便大兴戎马于郊野而发动征战。

最大的罪过莫过于欲望过多，最大的灾殃莫过于贪得，最大的祸患莫过于不知足。所以懂得满足的这种满足，是永远的满足。

【评析】

本章和第三十章、第三十一章都表达了老子的反战思想。老子明确表达了他对战争的厌恶，认为战争是"天下无道"的结果。这里的"道"不特指道家之道或儒家之道，而有泛指道理、道德、道义的意思。没有任何道义的战争，连怀胎的牝马也要送上战场，战马就在战场上出生。而在天下有道的情况下，战马无处可用，只能用于耕种田地。老子生活的时代，诸侯争霸，大小战争连年不断，人畜都无可避免，对此老子深为厌恶。

接下来老子分析了战争的起因，认为战争产生的根源在于统治者的"甚欲""欲得"和"不知足"。所以老子的解决办法是要求统治者"知足"常乐，收敛欲望，避免战事。老子希望通过节制欲望来减少战争冲突的想法虽然不太具备现实操作性，但他对战争根源的反思是值得我们深思与反省的。我们在谈到古往今来的历次战争的根源，总会分析战争爆发的具体经济原因、政治原因、社会原因、民族原因、宗教原因等等，而在老子看来，这些其实都深源于人性的贪欲。

第四十七章

不出户，知天下；不窥牖[①]，见天道[②]。其出弥远，其知弥少。

是以圣人不行而知，不见而名[③]，不为而成。

【注释】

①不窥牖：不望窗外。牖，窗户。

②天道：自然的规律。

③不见而名：不亲见就能明晓天道。名，通“明”，明晓，明了。

【译文】

不出门户，就能推知天下的事理；不望窗外，就能了解自然的法则。越向外驰求，对道的认识也越少。

所以圣人不出行就能感知，不必亲见就能明晓，不必亲为就能成功。

【评析】

本章主要谈的是哲学上的认识论问题。

本章历来较有争议。老子认为“不出户”而能“知天下”，“不窥牖”而能“见天道”，这和我们一贯的认识背道而驰，我们一般认为，人的认识是从实践中获得的，认识是否正确也应该由实践来检验。老子在这里之所以强调“不出户”“不窥牖”“不行”以及“不见”，是因为他认为“出户”“窥牖”这些探求外在世界的具体实践活动会使人心灵轻浮躁动，产生各种私欲和成见，以致于无法明澈地透视事物的本来面目和本质规律，人的心灵只有在致虚守静，复归于朴的自然状态下才可体悟和洞察事物的真情实况，掌握事物的发展规律，从而得窥“天道”。

老子在认识问题上强调对宇宙最高规律“道”的总体把握，掌握了“道”，就可对事物的本质和规律有着深刻的认识。而对“道”的把握，结合本书其他章节，应该是通过大量经验性观察、理性思考以及某种直觉性体悟才有可能获得的，这种直觉性体悟，有赖于内心的澄净和透彻。本章的“不行而知，不见而明”只是强调认识“道”需涤除玄览，并不是轻视实践的唯心主义先验论观点。

第四十八章

为学日益[①]，为道日损[②]。损之又损，以至于无为。

无为而无不为[③]。取[④]天下常以无事[⑤]，及其有事[⑥]，不足以取天下。

【注释】

①为学日益：求学是一天比一天增加。为学，是探求外部世界的知识的活动。

②为道日损：求道是一天比一天减少。为道，是通过对内心世界的修炼去领悟“道”。

③无为而无不为：顺任自然，无所作为，就没有什么事情做不成。

④取：轻易地得到，获取。“取”经常被解释为治理，然而在《老子》中，“取”与“治”的含义并不完全一致，第五十七章“以正治国，以奇用兵，以无事取天下”，可见“治国”并非“取天下”。

⑤无事：清净无为。

⑥有事：用强力去做，强求施为。

【译文】

求学每天要增加一些，求道每天要减少一些。减少又减少，一直到“无为”的境地。

如果能够达到“无为”的境地，那就没有什么事情是做不成的了。无所作为可轻易地得到天下，如果强求施为，就不能够轻易地得到天下了。

【评析】

本章开头讲“为学”和“为道”的问题。做学问是不断累积知识的过程,积累越丰富,学问就越高。“为道”的过程则不同,因“道”无名无形,“视之不见”“听之不闻”“搏之不得”,所以积累经验对“为道”并无用处。在老子看来,对外部世界的探求越多,反而越容易形成各种私欲和成见,有碍对“道”的领悟。因此老子认为应该“见素抱朴,少私寡欲”,通过不断地放空自己使心灵回归真朴的状态,这样“损之又损”才可能领悟和把握“道”。

日渐返璞归真,最终就能达到“无为”的境地。一旦达到“无为”的境地,就没有什么事情做不成。第三十七章提到“道常无为而无不为”,指“道”顺任自然,无所作为,然而没有一件事不是它所为。本章指的是得“道”的圣人“无为而无不为”。“无为”是指圣人对待天下的方式,对待天下应顺任自然,使万物按其本性自然发展而不横加搅扰;“无不为”是指“无为”的效果,圣人“辅万物之自然”,就能政通人和,万事俱兴,天下归心。

第四十九章

圣人常无心[①]，以百姓之心为心。

善者，吾善之；不善者，吾亦善之；德[②]善。

信者，吾信之；不信者，吾亦信之；德信。

圣人在天下，歙[③]歙焉，为天下浑其心[④]，百姓皆注其耳目[⑤]，圣人皆孩之[⑥]。

【注释】

①常无心：通行本作“无常心”，帛书乙本作“恒无心”，帛书本语序更合文义，据改。

②德：通“得”，得到，获得。

③歙（xī）：吸气，此处有收敛之意。

④浑其心：使人的心思浑朴。

⑤百姓皆注其耳目：百姓都专注于使用自己的耳目，指百姓竞相用智巧，即王弼所说的“各用聪明”。

⑥圣人皆孩之：圣人像看待孩童般看待他们。

【译文】

圣人没有偏私，以百姓的心为心。

善良的人，我善待他；不善良的人，我也善待他；这样可使人人向善。

守信的人，我信任他；不守信的人，我也信任他；这样可使人人守信。

圣人立身天下，谨慎收敛，使天下人的心思归于浑朴。百姓都专注于使用自己的耳目，圣人却像看待孩童般看待他们。

【评析】

本章表达了老子理想中的为政者对百姓的态度。在老子看来，理想的为政者“常无心”，这里的“心”指的是个人之私心，无心则无情，人一旦有了私人感情，看问题就容易偏私而失于公允，没有情感的束缚和牵绊就不会偏私，处事就会公正。为政者摒弃个人之私心，达到“无我”之境界，就能“以百姓之心为心”，为政治国皆从民心民意出发。

“以百姓之心为心”，然百姓中有“善者”“信者”，亦有“不善者”“不信者”。因着无偏私，“圣人”能以善心去对待一切人，包括不善良的人；能以诚心去对待一切人，包括不守信的人。无论百姓如何使用智巧，“圣人”始终浑厚真朴，抱着“无弃物”“无弃人”的精神包容他们。在对待百姓态度上，与佛教之“大爱”有相通之处。

老子理想中的“圣人”精神境界非常高，同时亦引起一些争议。对待百姓不分善于不善、信与不信，主张一视同仁，这是否是不辨是非、不分善恶？我们可以看到，老子的这种政治主张和他一贯坚持的“道法自然”原则有其一致性。“道”纯任自然，万物中的个体都能自然而然地发展自己的潜能，因此老子认为自然的和谐、自然的秩序高于世俗生活中明辨是非、惩恶扬善的原则。老子的这种思想和主张，就民主政治的理论视野来看，过于理想化，缺乏现实的操作性。但从理论的角度看，无疑是非常深刻且值得深思的。

第五十章

出生入死[①]。生之徒十有三[②]；死之徒十有三[③]；人之生，动之于死地[④]，亦十有三。夫何故？以其生生之厚[⑤]。

盖闻善摄生者[⑥]，陆行不遇兕[⑦]虎，入军不被甲兵[⑧]。兕无所投其角，虎无所措其爪，兵无所容其刃。夫何故？以其无死地[⑨]。

【注释】

①出生入死：人始于生而终于死。王弼注："出生地，入死地。"《韩非子·解老》："人始于生而卒于死。始谓之出，卒谓之入。故曰：出生入死。"即指人的一生。

②生之徒十有三：属于长寿的占十分之三。生之徒，属于长寿之人。徒，类，属。十有三，十分之三。

③死之徒十有三：属于短命的占十分之三。

④人之生，动之于死地：想要供养生命，反而因妄为而走向死路。动，妄为，不顺任自然。

⑤生生之厚：厚自奉养，过度地奉养生命。

⑥善摄生者：善于保养生命的人。摄生，养生。摄，保养，养护。

⑦兕(sì)：古代犀牛类的动物。

⑧入军不被甲兵：战争中不被兵器所杀伤。甲兵，铠甲和兵器。

⑨无死地：没有进入死亡的范围。

【译文】

人始于生而终于死。属于长寿的占十分之三;属于短命的占十分之三;想要供养生命,反而因妄为而走向死路的,也占了十分之三。为什么呢?因为奉养过度了。

听说善于保养生命的人,在路上行走不会遇到犀牛和老虎,在战争中不会被兵器所杀伤。犀牛用不上它的角,老虎用不上它的爪,兵器用不上它的刃。为什么呢?因为他没有进入死亡的范围。

【评析】

本章主要讲老子的养生之道。人活于世,在正常的自然状态下,大约有十分之三是长寿的,十分之三是短命的,另有十分之三的人,本来可以活得长久,但是奉养过厚反而伤害了身体,结果糟蹋了自己的生命。比如古时有人服食丹药以求长生,结果反而损害自身。现代人随着物质生活水平的改善和提高,能以反自然的生活方法来保养自己,“生生之厚”更甚,其结果是损伤自己的寿元。只有约十分之一的人,善于养护自己的生命,过着清净无为、纯任自然的生活。

这极少数的善于保养生命的人恪守“道”的原则,不妄作,行事顺任自然,周身无懈可击,因而外患难以侵入其身,始终能立于生地。这里的犀牛、老虎、兵器是对自然界和人类社会潜在危险的比喻,“善摄生者”贵身惜身但不过度地奉养,少私寡欲,无为不争,因此不易卷入世俗的纷争,能最大限度保护自己。

第五十一章

道生之，德畜之，物形之，器[①]成之。

是以万物莫不尊道而贵德。

道之尊，德之贵，夫莫之命而常自然[②]。

故道生之，德畜之；长之育之；亭之毒之[③]；养之覆之。生而不有，为而不恃，长而不宰，是谓玄德[④]。

【注释】

①器：万物所处之环境。通行本作“势”，帛书甲、乙本均作“器”。帛书本的“道、德、物、器”的排列更符合从高到低、从抽象到具体的逻辑顺序，据改。

②莫之命而常自然：不干涉或主宰万物，任万物顺其自然发展。

③亭之毒之：成之熟之。本句通常有两种解释：一、成之熟之，使万物成熟，河上公注作“成之熟之”；二、安之定之，使万物安宁其心性。今译从一。

④玄德：即上德，最深的德。它产生万物而不据为己有，养育万物而不自恃有功。

【译文】

道生成万物，德蓄养万物，物质赋予万物各种形态，环境使万物成长。

所以万物没有不尊崇道而珍视德的。

道之所以受尊崇，德之所以被珍视，就在于它不加干涉，而顺任自然。

所以道生成万物，德蓄养万物；使万物成长发育；使万物成熟；使万物得到爱养呵护。化生万物却不据为己有，兴作万物却不自恃己能，长养万物却不加主宰，这就叫作最深的德。

【评析】

“道生之，德畜之，物形之，器成之”说明了万物形成的复杂过程：“道”创生万物；“道”生万物之后，万物各得到自己特定的本质属性，这便是“德”；有了自己的本质属性，再有一定的形体，就成为有特定性质的具体事物；而周围环境的培养，使万物得以生长成熟。

在这些阶段中，“道”和“德”是最基本的。没有“道”，万物无从所出；没有“德”，万物就没有了自己的本性；所以说“万物莫不尊道而贵德”。但是，“道”生长万物，是自然而然如此的；万物依靠“道”生长和变化，也是自然而然如此的；即“道”和“德”并没有主宰和干涉万物的生长活动而顺其自然，所以说“莫之命而常自然”。

“道”创造万事万物，是万物存在生长发展的根据，万物不可能离开“道”而得到养育和生长，“道”的这种作用类似于本体和规律的作用；另一方面，“道”不居功、不恃能，不主宰和控制万物，任由万物自由发展，在这一方面，“道”之作用不仅不同于上帝和神灵，也不同于规律发挥作用的的确切性和决定性。老子常常同时强调“道”的这两个方面的特点：一方面是实有其效，是万物存在和发展的根据；另一方面其发生作用是自然而然的、无意识的，并非直接的决定作用。

第五十二章

天下有始[1]，以为天下母[2]。既得其母，以知其子[3]；既知其子，复守其母，没身不殆。

塞其兑，闭其门[4]，终身不勤[5]。开其兑，济其事[6]，终身不救。

见小曰明[7]，守柔曰强。用其光，复归其明[8]，无遗身殃[9]，是为袭常[10]。

【注释】

①始：起源，本始。老子所说的“天下之始”即“道”。

②母：根源，本源。

③子：指由“道”所产生的万物。

④塞其兑，闭其门：塞住欲念的孔穴，关上欲望的门径。兑，口，引申为孔穴。门，门径。

⑤勤：劳作，劳扰。

⑥开其兑，济其事：打开欲念的孔穴，极尽巧智力求成事。

⑦见小曰明：能够洞察细微的叫作“明”。小，细微。

⑧用其光，复归其明：运用智慧之光，回光照内，复归于明。

⑨无遗身殃：不给自己带来祸患。遗，留下，带来。

⑩袭常：承袭常道。袭，承袭，沿袭。

【译文】

天下万物都有本始，作为天下万物的本源。如果得知本源，就能认识由这本源创生之天下万物；如果认识天下万物，又能够持守住天下万物的本源，终身都不会有危险。

塞住欲念的孔穴，关上欲望的门径，终身都没有劳扰之事。打开欲念的孔穴，极尽巧智力求成事，终身都不可救治。

能够洞察细微的叫作“明”，能够持守柔弱的叫作“强”。运用智慧之光，回照于内，复归于明，不给自己带来祸患，这就叫作因袭天下万物的“常道”。

【评析】

本章老子用“母”“子”来比喻“道”与天下万物的关系，从这一比喻我们可以看出老子在说明宇宙总根源和总根据与万物的关系时，十分强调两者的互动。“道”作为宇宙的总根源和总根据，是为“天下母”。母生子，母育子，形象生动地说明了“道”创生万物，蓄养万物这一过程。母子间互动不断，说明万物的根源与万物本身的互动是连贯的、延续的，我们既可以通过把握“道”来认识万物，也在认识万物的实践中不断深化对“道”的认识。“既得其母”意指对宇宙本根之道的理解和把握，“以知其子”则是运用对“道”的理解和把握去认识具体事物。“既知其子，复守其母”强调在对天下万物的认识和把握中不断体悟“道”之真谛，恪守“道”的价值原则。

如何做到“既知其子，复守其母”呢？在老子看来，私欲以及私欲带来的纷扰阻碍了人们对大道的追索，所以应“塞其兑，闭其门”。只有回归明澈的自我，以本明智慧之光去认识外物，才能真正看清本相，明察事理。

第五十三章

使我[①]介然有知[②]，行于大道，唯施[③]是畏。

大道甚夷[④]，而民[⑤]好径[⑥]。朝甚除[⑦]，田甚芜，仓甚虚。服文采，带利剑，厌饮食[⑧]，财货有余，是谓盗夸[⑨]。非道也哉！

【注释】

①我：得道之人。

②介然有知：稍微有些认识。介，微，微小。

③施：逶迤，斜行。

④夷：平，平坦。

⑤民：按文意指人君，当政者。

⑥径：小径，邪径。

⑦朝甚除：朝纲废弛。除，废弛，颓败。

⑧厌饮食：饱餐精美的饮食。厌，饱足，满足。

⑨盗夸：大盗，盗魁。夸，奢，大。通行本作“盗夸”，《韩非子·解老》引此句作“盗竽”。“夸”“竽”古通用。

【译文】

假使我稍微有些认识，在大道上行走，惟一担心的是误入歧途。

大道很平坦，但是人君却喜欢走小径。朝政异常腐败，以致农田时常荒芜，仓库十分空虚。人君却还穿着华丽的衣服，佩着锐利的宝剑，饱餐精美的饮食，搜刮过多的财货，这就叫作大盗。这真是无道啊！

【评析】

本章老子猛烈抨击了春秋时代为政者为己之利肆意搜刮百姓的无道之举。为政者当无欲无私，以百姓之心为心，施政也应自然无为，这才合乎大道。道虽“无为”却能“无不为”，所以这条大道很平坦。但有些为政者妄想投机取巧走便捷之路，反而偏离大道正途而误入歧路。为政者凭借手中的权力，不断发号施令榨取百姓，过着奢侈糜烂的生活，而天下被折腾得朝纲废弛，经济萧条，民不聊生，百姓徘徊在饥馑的边缘。所以老子认为这种统治者无异于暴力掠夺他人财物的强盗。这种强盗行径明显不合于道，是不可能长久的。

第五十四章

善建者不拔，善抱[①]者不脱，子孙以祭祀不辍[②]。

修之于身，其德乃真；修之于家，其德乃余；修之于乡，其德乃长[③]；修之于邦[④]，其德乃丰；修之于天下，其德乃普。

故以身观身，以家观家，以乡观乡[⑤]，以邦观邦，以天下观天下。吾何以知天下然哉？以此。

【注释】

①抱：抱住，固定，牢固。

②子孙以祭祀不辍：子孙若能遵守“善建”“善抱”的道理，后代的祭祀就不会终止。辍，停止，终止。

③长：盛，盛大。

④邦：傅奕本、帛书甲本、郭店简本作“邦”，王弼本、河上公本为避汉高祖刘邦讳作“国”，从古本。

⑤以身观身，以家观家，以乡观乡：以自身观照别人，以自家观照别家，以自乡观照他乡。

【译文】

善于建立的不会被拔除，善于抱持的不会被脱去，子孙若能遵行这个道理则世世代代的祭祀不会断绝。

把这个道理落实到自身，他的德行就是真实的；落实到家庭，他的德行就会有余；落实到乡里，他的德行就会长久不衰；落实到邦国，他的德行就会丰盛；落实到天下，他的德行就会流传天下。

所以以自身观照别人，以自家观照别家，以自乡观照他乡，以我国观照别国，以我的天下观照其他的天下。我如何知道天下的情形呢？就是用的这种方法。

【评析】

本章开头讲述守“道”修“德”的益处。“善建者”指的是善于建“德”者，“善抱者”指的是善于抱“道”者，建“德”抱“道”者不仅自己可以“终身不救”，其福禄可惠泽子孙，世代不绝，祭祀永享。《韩非子·喻老》中孙叔敖谦下不争、持静守柔，因所要封地贫瘠而“九世而祀不绝”，正是对“善建者不拔，善抱者不脱”最好诠释。

遵循“道”的基本原则（即修“德”）不仅对于个人具有重要意义，对家，对乡，对邦，乃至对天下，都非常重要。这里的“修之于身”就是修身，是不断悟“道”修“德”逐渐返璞归真的过程。“道”的原则应用落实到家、乡、邦、天下，也就是“修之于家”“修之于乡”“修之于邦”“修之于天下”的过程。修的方法，是“观”，以自身之德对照比观他人，以“道”来观天下万物。

本句容易使人联想到《礼记·大学》里的“身修而后家齐，家齐而后国治，国治而后天下平”。这里儒、道确实有相通之处，都重视自身人格品德建设，强调修身是立身处世的根基，且将个人的修身与天下的治理联系起来。但儒、道两家对于修身的目的、内容、方法各有不同，道家所说的“道德”是顺任自然的，强调清静无为，而儒家倡导“天下兴亡，匹夫有责”，更强调道德责任感。道家由“修之于身”到“修之于家”“修之于乡”“修之于邦”“修之于天下”，修之领域由小到大，从局部到全局。而《大学》由修身到齐家之后，便直接由齐家推广到治国。然能齐家是否一定能治国，历史常常给出反面答案。

第五十五章

含德之厚，比于赤子。蜂虿虺蛇不螫[①]，攫鸟猛兽不搏[②]。骨弱筋柔而握固。未知牝牡之合而朘作[③]，精之至也。终日号而不嗄[④]，和之至也。

知和曰常[⑤]，知常曰明，益生[⑥]曰祥[⑦]，心使气曰强[⑧]。物壮[⑨]则老，谓之不道，不道早已。

【注释】

①蜂虿(chài)虺(huǐ)蛇不螫(shì)：蜂蝎毒蛇不咬伤他。虿，蝎类。虺，一种毒蛇。螫，毒虫用毒刺伤人。

②攫(jué)鸟猛兽不搏：凶鸟猛兽不搏击他。攫鸟，用脚爪取物的凶猛的鸟，例如鹰隼一类的鸟。搏，击打，指鹰隼用爪击物。此句王弼本作"猛兽不据，攫鸟不搏"，据郭店简本及帛书本改，以与上句对文。

③朘(zuī)作：婴孩的生殖器勃起。朘，男孩的生殖器。

④嗄(shà)：哑，嘶哑。

⑤知和曰常：懂得和谐的道理叫作"常"。常，指事物运作的规律。和，指阴阳二气和合的和谐状态。

⑥益生：纵欲享受。

⑦祥：妖，不祥。

⑧强：逞强。

⑨壮：强壮。与上句之"强"意思相近。

【译文】

含德深厚的人，就像初生的婴儿。蜂蝎毒蛇不螫咬他，凶鸟猛兽不抓击他。他筋骨柔弱拳头却握得很紧。他还不懂男女交合之事，但小生殖器却常勃起，这是因为他精气充足的缘故。他整日号哭，但是他的嗓子却不会沙哑，这是因为他和谐到极致的缘故。

能够懂得和谐的道理叫作“常”，懂得“常”的叫作“明”。贪生纵欲就会有灾祸，欲念之心驱使精气就是逞强。事物壮大之后就会趋于衰败，这叫作不合于“道”，不合于“道”的很快就会消逝。

【评析】

本章老子用初生的婴儿来比喻德行深厚之人。人初生之时，看上去十分柔弱，似乎没有自保之力。但这弱中有强，因其无知无欲反而精气十足，处处充满生机，外界危险不会伤害到他，筋骨柔弱却能握紧双拳，整日号哭嗓子也不会哭哑，这些状态都是为了说明其德行之深厚。为什么婴儿有如此之厚德呢？是因为在婴儿身上体现了“和”，初生的婴儿心机未生，浑沌无知，所做一切皆顺任自然，呈现出一种自然而然的和谐到极致的状态。

能够懂得并保持这种和谐状态的正是得道之人。而一旦人欲望横生，诈伪日增，便渐渐失道失德了。“益生”“心使气”都是违反自然之生理的失道失德之行为。“物壮则老”是自然界常理，万物盛极而衰，为了避免过早衰落，应当持静守柔，不可纵欲贪生，逞强行事。一旦打破了“和”的自然状态，必然会招致灾祸。只有像婴儿那样天真淳朴，无知无欲，处处顺应自然，才可终身没有危险。

第五十六章

知者不言，言者不知[①]。

塞其兑，闭其门[②]，挫其锐，解其纷，和其光，同其尘[③]，是谓玄同[④]。

故不可得而亲，不可得而疏；不可得而利，不可得而害；不可得而贵，不可得而贱[⑤]。故为天下贵。

【注释】

①知者不言，言者不知：有智之人不多言说，多言说的就不是智者。此句字面意为知道的人不说，说的人不知道。郭店简本作“智之者弗言，言之者弗智”，王弼、河上公皆作“智慧”解，今译从“智”。

②塞其兑，闭其门：塞住欲念的孔穴，关上欲望的门径。兑，口，出口。

③挫其锐，解其纷，和其光，同其尘：收敛锐气，消解纷扰，调和光芒，混同尘世。和，混合，调合。

④玄同：玄妙混同的境界。

⑤不可得而亲，不可得而疏；不可得而利，不可得而害；不可得而贵，不可得而贱：人们无法与他亲近，也无法与他疏远；无法使他获利，也无法使他受害；无法使他高贵，也无法使他低贱。

【译文】

有智之人不多言说，多言说的就不是智者。

塞住欲念的孔穴，关上欲望的门径，收敛锐气，消解纷扰，调和光芒，混同尘世，这就是玄妙混同的境界。

所以人们无法与他亲近，也无法与他疏远；无法使他获利，也无法使他受害；无法使他高贵，也无法使他低贱。所以为天下人所珍视。

【评析】

本章老子提出知而不言的“玄同”境界。“知者”可理解为知“道”之人，“道”微妙玄通，难以言说，且“多言数穷”，所以“知者”不言说，而是“处无为之事，行不言之教”。一旦宣之于口，就说明并未真正理解“道”之妙义。

得“道”的圣人不同于世俗之人，不仅有抱负而且有能力，本可锋芒毕露行于众星捧月之处，但为人处世却处处收敛锋芒，消解纷争，自掩其光，混迹于世如同尘土一般不起眼，与物大同而又无迹可见。这种和光同尘的“玄同”境界超越了亲疏、利害、贵贱这些世俗的范畴。因为圣人无所偏私，心中无弃人、无弃物，对“善者”和“不善者”都加以善待，“信者”和“不信者”都报以信任，所以对于亲与疏、利与害、贵与贱都不会执着分辨。而且圣人超然物外，淡泊无欲，与世无争，凡事顺任自然，所以对于是亲是疏、是利是害、是贵是贱都不会在意。在“道”看来，本就没有什么“贵贱、利害、得失”之分，也无须在意。正因如此，圣人能以豁然通达的心态去对待一切事物，虽不言却得到天下至誉。

第五十七章

以正[①]治国，以奇[②]用兵，以无事取天下。吾何以知其然哉？以此[③]：

天下多忌讳[④]，而民弥贫；民多利器[⑤]，国家滋昏；人多伎巧[⑥]，奇物[⑦]滋起；法物[⑧]滋彰，盗贼多有。

故圣人云："我无为，而民自化[⑨]；我好静，而民自正；我无事，而民自富；我无欲，而民自朴。"

【注释】

①正：清静之道。老子认为"清静为天下正"（第四十五章）。

②奇：诡秘奇巧之术。

③以此：郭店简本和帛书本均无"以此"二字。

④忌讳：禁忌，避讳。

⑤利器：利便之器。

⑥伎巧：技巧，智巧。伎，通"技"。

⑦奇物：奇事，邪事。

⑧法物：珍好之物，技艺制作之物。王弼本和傅奕本作"法令"，河上公本、帛书本和郭店简本作"法物"，从古本。老子在此并无反对法令制度的思想。

⑨自化：自我化育，自行发展。

【译文】

以清静的原则治理国家，以诡秘奇巧的方法用兵，以无所作为来得到天下。我怎么知道是这样的？是根据以下的情况：

天下的禁忌越多，人民就越贫困；人民的利便之器越多，国家就越混乱；人们的智巧越多，奇怪的事就越多；珍好之物越多，盗贼反而越多。

所以有道的人说："我无为，人民就自我发展；我好静，人民就自然端正；我不搅扰，人民就自然富足；我没有贪欲，人民就自然淳朴。"

【评析】

本章老子再次阐述清静无为的治国之道。老子认为，为政者应少私寡欲，"去甚、去奢、去泰"，以清静的原则治理国家。用兵则相反，老子认为战争是不"道"之事，越快结束越好，"以奇用兵"能最大限度减少伤亡，还老百姓一个清静之所。如果为政者能够清静无为，则天下归心。

无所作为可取天下，而如果为政者立身不正，肆意伸张自己的意欲，胡乱施为，就会现"民弥贫""国家滋昏""奇物滋起""盗贼多有"的情况。老子的这句话，也引起了一些争议，有学者认为老子"反对工艺技巧"，反对法律制度，反对人类文明的进步。经济学家胡寄窗在《中国经济思想史》中写道："老子把工艺技巧认定为社会祸乱的原因，他们要求废除工艺技巧，甚至认为盗贼之产生也是由于工艺技巧的关系。"在此，老子确实认为"忌讳""利器""伎巧""法物"这些人为机巧容易给社会带来不安定因素，但老子认为出现这些问题的根源在于为政者不行清静无为之政，过多地控制和压制，搅乱了人民的正常生活，不正确的价值导向滋生人们的贪欲。就如第三章的"不尚贤，使民不争"所表达的一样，老子反对的不是"忌讳""利器""伎巧""法物"本身，而是由有为政治所导致的不淳朴的民风。一旦为政者奉行清静无为之政，以自然和谐的原则来引导社会的发展，人民的自发性也会被激发，呈现出"民自化""民自正""民自富""民自朴"的效果。

第五十八章

其政闷闷[①],其民淳淳[②];其政察察[③],其民缺缺[④]。

祸兮,福之所倚;福兮,祸之所伏。孰知其极?其无正[⑤]。正复为奇,善复为妖[⑥]。人之迷,其日固久[⑦]。

是以圣人方而不割[⑧],廉而不刿[⑨],直而不肆[⑩],光而不耀[⑪]。

【注释】

①闷闷:昏昏昧昧,有宽厚之意。

②淳淳:淳朴敦厚。

③察察:严苛,苛刻。

④缺缺:犹狯狯,形容疏薄诈伪的样子。

⑤其无正:它们(福、祸变换)并没有确定的标准。其,福、祸变换。正,标准,准则。

⑥正复为奇,善复为妖:正再转变为邪,善再转变成恶。奇,邪。妖,不善,邪恶。

⑦人之迷,其日固久:人们的迷惑,已经有很长的时日。

⑧方而不割:方正而不割伤人。

⑨廉而不刿:锐利而不刺伤人。廉,锐利。刿,伤。

⑩直而不肆:直率而不放肆。

⑪光而不耀:光亮而不刺目。

【译文】

政治宽厚,人民就淳朴;政治严苛,人民就狡黠。

灾祸啊，幸福倚靠在它旁边；幸福啊，灾祸藏伏在它里面。谁知道究竟是怎么回事？福、祸变换并没有一个确定的标准。正复而转变为邪，善复而转变为恶。人民的迷惑已经有很长的时日了。

因而有道的人方正而不割伤人，锐利而不刺伤人，直率而不放肆，光亮而不刺目。

【评析】

老子主张为政者行"无为"之政，认为为政者无为无事，政治清明宽厚，社会风气必然敦厚，治下的百姓也就没有伪诈的心智，没有争盗的欲念。如果为政者有为有事，政令繁苛，社会风气就会浮华，治下的百姓也会日渐狡黠诈伪。老子在这里把政风和民风联系起来，认为政风清则民风淳，可以说极具进步意义。

"祸兮，福之所倚；福兮，祸之所伏"，老子的这句名言可以说是现代引用率最高的名句之一，常常用来形容矛盾双方的辩证转化。一切事物都包含着正反两方面的现实特点和可能趋势，正反两方面相互包含，在一定条件下可以向自己的对立面转化。"福"中常常潜伏着"祸"的因素，"祸"中也常常含藏着"福"的因素，两者相伴而生，相互依存。"福"与"祸"并非一成不变，其相互转化是不可避免的。《淮南子·人间训》里记载了一个"塞翁失马，焉知非福"的故事，正是对老子这句名言的最好诠释。

认识到这种正反互转的道理，人们就不应该一味追求正面情况的迅速壮大，也不应该希冀能把反面的情况一举消灭。老子在此拉宽了我们观察事物的视野，使我们能以更豁达的心态面对当前的环境。

过去人们常常批判老子只强调对立面的转化而不讲转化的条件。冯友兰在分析此章时这样说："对立面必须在一定的条件下，才互相转化，不具备一定的条件，是不能转化的。祸可以转化为福，福也可以转化为祸，但都是在一定的条件下才是如此，例如主观的努力或不努力等，都是条件。照老子所讲的，好像不必有主观的努力，祸自动也可以转化为福；虽然有主观的努力，福也必然转化为祸。这是不合事实的。"但通观

《老子》,书中涉及转化条件的例子不少,如第三十章"物壮则老,是谓不道,不道早已",这里的"壮"就是由胜而衰的转折点,也就是转化的条件。再如第四十四章的"甚爱必大费,多藏必厚亡","甚爱""多藏"即是转化的条件。老子认为当事物发展到了极致,超出了一定的度的范围,就会向自己的对立面转化。本章老子只是说明转化的标准不易发现和掌握,并没有从根本上否定转化条件的存在。

第五十九章

治人事天[①]，莫若啬[②]。

夫唯啬，是谓早服[③]；早服谓之重积德[④]；重积德则无不克；无不克则莫知其极；莫知其极，可以有国；有国之母[⑤]，可以长久。是谓深根固柢，长生久视[⑥]之道。

【注释】

①事天：保养天赋。对“天”的解释有两种：一是指身心；二是通“穑”，指耕种庄稼。本章主要讲如何治国与养生，故从第一种解释。

②啬：爱惜，保养。

③早服：早作准备。服，通“备”，准备。

④重积德：不断地积蓄“德”。重，增加，加重。

⑤有国之母：掌握保国的根本之道。有国，保国。母，喻保国的根本之道。

⑥长生久视：长久地维持，长久地存在。久视，久立，即长生之意。

【译文】

治理国家，保养天赋，最好的方法莫过于爱惜精神。

只有爱惜精神，才能早作准备；早作准备就是不断地积德；不断地积德就没有什么不能克服的；没有什么不能克服就无法知道他的极限；无法知道他的极限，才可以保有国家；掌握了保国的根本之道，就可以国运永祚。这就是根深蒂固，长久存在的道理。

【评析】

本章主要讲治国与养生的原则和方法。老子认为，不管是治国还是养生，最好的方法就是“啬”了，养生如能啬，可以长生；治国如能啬，则江山永固，国运长久。老子所说的“啬”，指的是爱惜精神，收敛欲望，积蓄力量。只有不断地滋养精神，培蓄能量，充实内在生命，才能达到纯真质朴的厚“德”之境界。有了深厚的“德”，无论是养生还是治国，都得心应手，游刃有余。

后世“道”家的性命双修，其养生的原则，也在一个“啬”字。道家养生以收心求静为基础，叫作修性；以养精固本为归宿，叫作养命。无论是修内在的“性”还是养外在的“命”，都是在不断地蓄养精气，厚藏根基。不爱惜精神，损耗精气，是为养生大忌。

第六十章

治大国，若烹小鲜[①]。

以道莅[②]天下，其鬼不神[③]；非[④]其鬼不神，其神不伤人；非其神不伤人，圣人亦不伤人。夫两不相伤[⑤]，故德交归焉[⑥]。

【注释】

①治大国，若烹小鲜：治理大国，好像煎小鱼，不要常常翻弄。小鲜，小鱼。这里用烹鱼比喻治国。因小鱼很鲜嫩，不能多加搅动，多搅则易烂。“若烹小鲜”喻指治理大国不可随意搅扰。

②莅：临，此处有统治之意。

③其鬼不神：鬼不起作用。神，伸，显灵。

④非：不唯，不仅。

⑤两不相伤：鬼神和圣人不侵害人。

⑥德交归焉：让人民享受德的恩泽。交，俱，共。

【译文】

治理大国，好像煎小鱼。

用“道”治理天下，鬼怪起不了作用；不但鬼怪起不了作用，神祇也不侵害人；不但神祇不侵害人，圣人也不侵害人。鬼神和圣人都不侵害人，所以德归会于民。

【评析】

“治大国，若烹小鲜”是老子关于治国的一句名句，对中国传统政治思想产生了重大影响。老子认为治理国家，要像煎小鱼那样，以清静为原则，不可肆意搅扰百姓，即要“无为”，不可“有为”。“以道莅天下”，即是说以“无为”治理天下。老子一再强调“无为，而民自化”，治理国家不可以强力扰民，过多地干预和控制只会适得其反，陷国家于动乱。

本章还排除了一般人所谓鬼神作用的概念，说明祸全在人为。人为得当，祸患无由降生。另外关于老子是有神论还是无神论，学术界一直有争议。《老子》全篇只在第四章提到一次“帝”字，即“吾不知其谁之子，象帝之先”，老子用“道”否定了传统“帝”的最高地位，但并没有否定上帝的存在。此外，《老子》有四章提到“神”字，作为神灵的“神”见于第三十九章“神得一以灵”和本章的“其鬼不神”。“鬼”字仅见于本章。“神得一以灵”一句一方面否定了最高的神的存在和作用，另一方面也没有从根本上否定神的存在和作用。本章的“其鬼不神”亦是如此，意为以无为治理天下，鬼神起不了作用。总之，老子没有完全否定上帝的存在和鬼神的作用，不是一个彻底的无神论者。但老子常常以上帝、鬼神来反衬“道”的根源性和有效性，把上帝和鬼神的作用看作是次要的和从属的，从这一意义上讲，老子也不是一个彻底的有神论者。从其思想的方向性看，更接近于无神论。

第六十一章

大国者下流，天下之牝，天下之交也[①]。牝常以静胜牡，以静为下。

故大国以下小国，则取小国[②]；小国以下大国，则取大国。故或下以取，或下而取[③]。大国不过欲兼畜人[④]，小国不过欲入事人。夫两者各得所欲，大者宜为下。

【注释】

①天下之牝，天下之交也：通行本作“天下之交，天下之牝也”。据帛书本改。牝，雌性的鸟兽，这里形容雌柔。交，汇集，汇总。

②故大国以下小国，则取小国：所以大国对小国谦下，可以取得小国的信赖。下，谦下。取，聚。

③故或下以取，或下而取：所以有时是大国谦下取得小国的信赖，有时是小国谦下而取得大国的包容。以取，以聚人。而取，聚于人。

④兼畜人：聚养人。兼，聚集。畜，养护，养育。

【译文】

大国要像江河一样居于下流，处在天下雌柔的位置，为天下所归附。雌柔常以静定而胜过雄强，因为静定能处于下位的缘故。

所以大国对小国谦下，就可以取得小国的信赖；小国对大国谦下，就可以取得大国的包容。所以有时是大国谦下取得小国的信赖，有时是小国谦下而取得大国的包容。大国不过想要聚养人，小国不过想要归附人。这样大国小国都可以达成愿望，大国尤其应该谦下。

【评析】

本章主要讲述大国与小国相处之道。国有大小，但无论国是大是小，都应持静守柔，保持谦下。小国为自保，应当谦恭。大国应甘居下游，不可恃强凌弱，侵略小国。若逞强争胜，小国难逃覆灭的命运，大国也难以维持长久。

在本章中，老子希望大国和小国之间和睦相处，形成一种自然的、和平的关系和秩序，这一立场是符合百姓的利益和愿望的。而且老子并不反对大国“兼畜”小国，也不反对小国依附大国，只是主张大国以雌柔之道实现这种关系，这种关系的形成亦是自利和利他的双向互惠。虽然老子的理论从当时来看，只是一种美好的设想，并未能实现。但老子提出的这种大国与小国之间、强国与弱国之间的自然的、和平的、和谐的世界秩序在当今时代仍有一定的借鉴意义。

第六十二章

道者，万物之奥[①]。善人之宝，不善人之所保[②]。

美言可以市[③]，尊行可以加人[④]。人之不善，何弃之有？故立天子，置三公[⑤]，虽有拱璧以先驷马[⑥]，不如坐进此道[⑦]。

古之所以贵此道者何？不曰：求以得[⑧]，有罪以免邪[⑨]？故为天下贵。

【注释】

①奥：藏，有庇荫之意。帛书甲、乙本“奥”作“注”，读为“主”，与通行本字不同而意可通。

②不善人之所保：不善之人依靠它得以保全。

③市：指交易的行为。

④尊行可以加人：美好的行为可以赢得尊重。加，施。加人，对人施以影响。

⑤三公：太师，太傅，太保。

⑥拱璧以先驷马：拱璧在前，驷马在后的礼仪。古代的献礼，轻物在先，重物在后。拱璧，大璧，璧为圆形中间有孔的玉。驷马，四匹马驾的车。

⑦坐进此道：立即献上清静无为的“道”。

⑧求以得：有求的就可以得到。王弼本、河上公本为“以求得”，傅奕本及帛书本为“求以得”，“求以得”与“有罪以免”正相对应，据改。

⑨有罪以免邪:有罪的人得到“道”,可以免去罪过。

【译文】

“道”是万物的庇荫。它是善良之人的法宝,不善之人的依靠。

美妙的言词可以用作社交,美好的行为可以赢得尊重。不善的人,怎能舍弃“道”呢?所以奉立天子、设置三公的时候,虽有进奉拱璧在前、驷马在后的礼仪,还不如立即献上清静无为的“道”。

古时重视“道”的原因是什么呢?难道不正是说:有求的就可以得到,有罪的就可以免除罪过吗?所以“道”被天下人所贵重。

【评析】

本章再次宣扬“道”的重要性。天子和三公,拥有无上的权势,但不如怀着清静无为的心念,遵“道”而行。

为什么“道”如此被人看重呢?因为“道”是万物众生的庇荫之所,它既是善良之人的法宝,也能给予不善之人“有罪以免”。“道”对芸芸众生一视同仁,“善者,吾善之;不善者,吾亦善之”,“信者,吾信之;不信者,吾亦信之”(第四十九章)。“道”不以“善”与“不善”、“信”与“不信”来区分众生,并不是不去判断任何是非对错,而是在“道”看来,人性是可贵的,是值得尊重和保护的。因此人无弃人,物无弃物,即便是有罪的,也是可以得到免除的。

第六十三章

为无为，事无事，味无味[①]。

大小多少[②]，报怨以德[③]。图难于其易，为大于其细。天下难事，必作于易；天下大事，必作于细。是以圣人终不为大[④]，故能成其大。

夫轻诺必寡信，多易必多难。是以圣人犹难之，故终无难矣。

【注释】

①为无为，事无事，味无味：把无为当作为，把无事当作事，把无味当作味。

②大小多少：大生于小，多起于少。此处颇费解，疑有脱字，所以有多种解释。如司马光解释为视小若大，视少若多；释德清解释为将大的看作小，多的看作少；林希逸解释为能大者必能小，能多者必能少；严灵峰解释为大生于小，多起于少。严说与下句文意相通，今从严说。

③报怨以德：用德来报答怨恨。本句恰与孔子主张的“以直报怨”形成鲜明对比。

④不为大：不自以为伟大。

【译文】

以无为的态度去作为，以不滋事的方式去做事，把恬淡无味当作有味。

大生于小，多起于少，用德来报答怨恨。处理困难要从容易的地方入手，成就伟大要从细微的地方入手。天下的难事，必定从容易之处做起；天下的大事，必定从微细之处做起。所以圣人始终不自以为伟大，因此反能成就他的伟大。

那些轻易许诺的，一定很少守信；把事情看得太容易的，势必遭遇更多的困难。所以圣人总是把事情看得很困难，因此终究没有困难。

【评析】

本章老子又一次指出圣人应守“无为”之道。“无为”是圣人治理国家的基本原则，是一种“似无实有”的行为方式，顺任事物按其本性自由发展而不横加干涉，看似什么也不做，却能达到一种自然和谐的状态。具体到行事，以“无事”不搅扰百姓作为行政的原则，以恬淡“无味”作为施政的态度。这样就是治理百姓的最高境界了。

老子所说的无为，绝不是什么也不做。所以接下来，老子又讲到怎样去“为”。“图难于其易”，从事困难的事情，可以先从细易处着手，循序渐进，徐徐图之。对于细易的事情，切不可掉以轻心，如果把事情看得太容易就会遇到很多困难，谨密周思、细心而为才不会失败。

“无为”是老子提出的一种理想境界，但显然“无为”并不局限于治国一途，“道常无为而无不为”，一般人的行事也应以“无为”为准则。本章的诸多格言，亦适用于一般人。

第六十四章

其安易持，其未兆易谋。其脆易泮[①]，其微易散。为之于未有，治之于未乱。

合抱之木，生于毫末[②]；九层之台，起于累土[③]；千里之行，始于足下。

为者败之，执者失之。是以圣人无为故无败，无执故无失[④]。

民之从事，常于几成而败之。慎终如始，则无败事。

是以圣人欲不欲，不贵难得之货；学不学，复众人之所过，以辅万物之自然而不敢为。

【注释】

①其脆易泮(pàn)：脆弱的东西容易破裂。泮，分，散，解。

②毫末：细小的萌芽。

③累土：有两种解释：一、低土；二、一堆土，一筐土。联系文意，今译从二。

④为者败之，执者失之。是以圣人无为故无败，无执故无失：此处以下和上文意不相联，从主旨上看，另分一章较为合理。

【译文】

安定的局面容易持守，没有迹象的事情容易图谋。脆弱的东西容易破裂，细小的东西容易散失。所以要在事情尚未萌芽时就早作准备，要在祸乱尚未形成时就处理妥当。

合抱的大树，是从细小的萌芽生长起来的；九层的高台，是从一筐筐泥土建筑起来的；千里的远行，是从脚下一步步走出来的。

强作妄为就会失败，执意把持就会失去。所以圣人无所作为就不会失败，无所把持就不会落空。

人们做事情，常常在快要成功时遭遇失败。如果在事情将要完成时也能像开始时一样的谨慎，那就不会败事了。

所以圣人欲求的是人所不欲求的，不珍贵稀有的货品；学人所不学的，补救众人所犯的过错，以此辅助万物成自然状态而不加以干预。

【评析】

本章意承上一章，仍然是谈事物发展变化的辩证法。其意大致有：

一、常有忧患意识，注意在祸乱发生之前应先作预防，防微杜渐，未雨绸缪。

二、注意事物发展过程中量的积累。“合抱之木”“九层之台”“千里之行”这些远大的事情，都是从“毫末”“累土”“足下”开始的。远大的事情必须有坚强的毅力和足够的耐心去完成，从一点一滴的小事做起，才可能成就伟大的事业。

三、坚持不懈，尤其最后关头不能松懈。老子指出“民之从事，常于几成而败之”，人们做事，常常在快要成功时功亏一篑。其主要原因在于即将功成之时，人们往往被眼前的胜利冲昏头脑，滋生了骄傲的情绪，没有保持谨慎的态度。毛泽东同志在中国革命胜利之前一再强调，“务必使同志们继续地保持谦虚、谨慎、不骄、不躁的作风，务必使同志们继续地保持艰苦奋斗的作风”，“万万不可冲昏头脑，忘其所以，重蹈李自成覆辙”。如果能够做到“慎终如始，则无败事”，稍有松懈，则功败垂成。

第六十五章

古之善为道者，非以明民[①]，将以愚之[②]。

民之难治，以其智多[③]。故以智治国，国之贼[④]；不以智治国，国之福。

知此两者[⑤]，亦稽式[⑥]。常知稽式，是谓玄德。玄德深矣远矣，与物反矣[⑦]，然后乃至大顺[⑧]。

【注释】

①明民：让人民知晓智巧伪诈。明，精巧，巧诈。

②将以愚之：使人民淳朴，无巧诈之心。愚，淳朴，敦厚，朴实，没有巧诈之心。"愚"与"戆"互训，"戆"即戆直，憨厚而刚直之义。

③智多：多智巧伪诈。智，智巧伪诈，并非指智慧、知识。

④贼：危害。

⑤两者：指上文"以智治国，国之贼；不以智治国，国之福"。

⑥亦稽式：就是治国的法则。亦，乃。稽式，法式，法则。

⑦与物反矣：德和万物复归于真朴。反，通"返"。

⑧大顺：即自然。

【译文】

从前善于用"道"治国的人，不是使人民知晓智巧伪诈，而是使人民淳朴。

人民之所以难治，乃是因为他们智巧太多。所以用智巧去治理国家，是国家的灾祸；不用智巧去治理国家，是国家的福气。

认识到这两种方式的差别，就是治国的法则。总是守住这个法则，就是玄妙神奇的德。这“玄德”好深奥好遥远啊，和万物一起复归于真朴，然后才能达到最大的自然圆满。

【评析】

本章强调为政在于真朴。本章的“古之善为道者，非以明民，将以愚之”常被当作“愚民”思想的渊薮而加以批判。对老子此句的误读源于将“愚”理解为“愚弄”“愚昧”之义，这是不准确的。本章老子所说的“愚”绝非“愚民”之义，而是与第二十章的“我愚人之心也哉！”中的“愚”一个意思，即淳朴、真朴，因此“愚民”指的是使人民淳朴、真朴。

在第五十八章中老子就已指出“其政闷闷，其民淳淳；其政察察，其民缺缺”，认为民风系于政风。圣人为政清静无为，政治清明宽厚，就能导民以真朴，形成淳朴的民风。如果为政者“以智治国”，人们就相互使用机巧伪诈，攻心斗智，彼此残害，国家就会陷于危难。因此老子希望为政者实行“愚”民政策，使人民回归原始的质朴、淳厚的本性。老子之所以倡导“愚”民思想，弃绝“以智治国”，是因为它们合乎自然无为原则，这种自然无为的管理方式可以成为一种理想的“稽式”，按照这种方式治国就会返归到“玄德”的境界，进而达到“大顺”。

第六十六章

江海之所以能为百谷王[①]者，以其善下之，故能为百谷王。

是以圣人[②]欲上民，必以言下之；欲先民，必以身后之。是以圣人处上而民不重[③]，处前而民不害。是以天下乐推而不厌。以其不争，故天下莫能与之争。

【注释】

①百谷王：为百川所归往。百谷，百川。

②圣人：王弼本无“圣人”二字，河上公本、傅奕本及帛书本均有，据补。

③重：累，负累。

【译文】

江海之所以能成为众多河流所归往的地方，是因为它善于处在低下的位置，所以能成为百川之王。

因此圣人想要成为人民的领导，必须以言语对他们表示谦下；想要成为人民的表率，必须把自己放在他们的后面。所以圣人居于人上而人民不感到负累，居于人前而人民不感到受害。所以天下人民乐于拥戴而不厌弃。因为他不跟人争，所以天下没有人能和他争。

【评析】

本章再次阐述“不争”的政治哲学。本章开头即用“江海”作比喻，指出统治者应处下不争，包容大度。第七章中老子就曾指出，“是以圣人后其身而身先，外其身而身存，非以其无私邪？故能成其私”。圣人无私，能做到“后其身”“外其身”，因其清静无为，谦下无争，所以圣人虽“处上”“处前”，人民却没有感到压力和受到损害，故而能获得百姓的真心拥戴。

“以其不争，故天下莫能与之争”是老子一再强调的观点。在竞争激烈的现代社会，人人皆奋勇争先，这种“不争”的哲学反而更显珍贵。顺其自然，保持良好的心态，不被身上的压力和眼前的欲望迷失本心，比那些争强好胜，见利争先的人更容易实现人生价值。

第六十七章

天下皆谓我大，大而不肖。夫唯不肖，故能大。若肖，久矣其细也夫①。

我有三宝②，持而保之：一曰慈，二曰俭③，三曰不敢为天下先。

慈故能勇④，俭故能广⑤，不敢为天下先，故能成器长⑥。

今舍慈且⑦勇，舍俭且广，舍后且先，死矣！

夫慈，以战则胜⑧，以守则固。天将救之，以慈卫之。

【注释】

①天下皆谓我大，大而不肖。夫唯不肖，故能大。若肖，久矣其细也夫：天下人都说“道”伟大，不像任何具体的事物。正因为它不像任何具体的事物，所以才伟大。如果它像任何一个具体的事物，早就渺小了。通行本第二句为“夫唯大，故似不肖”，文意不通顺，据帛书乙本改。

②三宝：三件法宝，三个宝贝。

③俭：节俭，爱惜。和第五十九章“啬”字同义。

④慈故能勇：慈爱故而能勇敢。

⑤俭故能广：俭啬故而能厚广。

⑥器长：万物的首长。器，物，指万物。

⑦且：取。

⑧以战则胜：用来征战就能获胜。傅奕本和范应元本作“以陈则

正”，用字不同但意义相同。

【译文】

天下人都说“道”伟大，不像任何具体的事物。正因为它不像任何具体的事物，所以才伟大。如果它像任何一个具体的事物，早就渺小了。

我有三件法宝，持守而保全着：第一种叫作慈爱，第二种叫作俭啬，第三种叫作不敢居天下人之先。

慈爱故而能勇敢，俭啬故而能厚广，不敢居天下人之先，所以能成为万物的首长。

现在舍弃慈爱而求取勇敢，舍弃俭啬而求取厚广，舍弃退让而求取争先，是走向死路！

慈爱，用来征战就可以获胜，用来守卫就可以巩固。天要救助他，就会用慈爱来护卫他。

【评析】

本章老子提出“三宝”，即体“道”之人最重要的三种德行：一是“慈”，即慈悲、仁爱，是对天下万物、百姓的根本态度。圣人对天下抱有无私的慈心，爱民且不求回报，必然能够赢得百姓的尊重和爱戴，得道必多助，所以“以战则胜，以守则固”。“三宝”中老子着墨最多的就是“慈”，因老子身处战乱之中，目睹各种战争惨况，所以分外渴望和平。若人人都怀有对天下万物的仁爱慈悲之心，世间也就不会有纷争和战事。二是“俭”，即收敛欲望，不奢靡，不妄为，培蓄德行，是“治人事天”的方法和途径。三是“不敢为天下先”，即谦退不争的思想。圣人无为，辅助万物成自然和谐状态，功遂身退，所以不自居于先。

“三宝”虽是圣人之德，但也是一般人应该保有的品格。对他人有爱心，对自己有约束，不纵欲，不妄为，谦退不争，这些老子所提倡的德行，无论是对于个人的修身还是对良好社会价值观的形成，都具有十分重要的积极意义。

第六十八章

善为士[①]者，不武；善战者，不怒；善胜敌者，不与[②]；善用人者，为之下。是谓不争之德，是谓用人，是谓配天，古之极也[③]。

【注释】

①为士：统帅士卒，担任将帅。为，治理，管理，这里作统率讲。士，士卒。

②不与：不与争，不争。

③是谓不争之德，是谓用人，是谓配天，古之极也：这叫作不争的品德，这叫作善于用人，这叫作合乎天道，这是自古以来的最高准则。极，准则。本句王弼本作"是谓不争之德，是谓用人之力，是谓配天古之极"，这里作"用人"文意更通顺，据帛书乙本改。

【译文】

善做将帅的，不崇尚武力；善于作战的，不轻易发怒；善于战胜敌人的，不直接交战；善于用人的，对人态度谦下。这叫作不争的品德，这叫作善于用人，这叫作合乎天之道，这是自古以来的最高准则。

【评析】

本章是"无为而无不为"在战争中的具体应用。"不武""不怒""不与""为之下"皆是无为、不争的具体表现，"善为士者""善战者""善胜敌者""善用人者"都不是通过直接作为的方式达成目的，而是以不战而屈人之兵，以不争达到争的目的，以无为达到有为的效果，这是一种非常高明的智慧。不自居其功,不与人相争,谦逊待人,让每一个个体都能充分发挥其最大的潜能,这就是合乎天道的用人之道。

如何才能不战而屈人之兵呢?老子在上一章中说"夫慈,以战则胜,以守则固","不武""不怒"都是"慈"的表现,"慈故能勇",仁者无敌,所以只要有了"慈"心,不争亦能取胜。当然这个"不争""无为"并非无所作为,而是采取不同寻常的行动方式达到更高的目标。

第六十九章

用兵有言："吾不敢为主①，而为客②；不敢进寸，而退尺。"是谓行无行③，攘无臂④，扔无敌⑤，执无兵⑥。

祸莫大于轻敌，轻敌几丧吾宝。

故抗兵相若⑦，哀⑧者胜矣。

【注释】

①为主：进犯，主动挑起战事。

②为客：采取守势，指不得已而应战。

③行无行：虽然有阵势，却像没有阵势可摆。行，行列，阵势。

④攘无臂：虽然要振臂，却像没有臂膀可举。

⑤扔无敌：虽然面临敌人，却像没有敌人可对。扔，抗。帛书甲、乙本均作"乃无敌"，且在"执无兵"之后。

⑥执无兵：虽然有兵器，却像没有兵器可执。兵，兵器。

⑦抗兵相若：两军相当。若，当。王弼本作"抗兵相加"，意思相同，本书从傅奕本及帛书本。

⑧哀：闵，慈，与第六十七章的"慈"同义。

【译文】

用兵的人曾说："我不敢主动挑起战事，而采取守势；不敢前进一寸，而宁可退后一尺。"这就是说虽然有阵势，却像没有阵势可摆；虽然要振臂，却像没有臂膀可举；虽然面临敌人，却像没有敌人可抗；虽然有兵器，却像没有兵器可执。

祸患没有比轻敌更大的了，轻敌几乎使我丧失了我的法宝。

所以两军相当的时候，慈悲的一方可获得胜利。

【评析】

本章讲的是战争中的“不争”之德。老子对天下怀着慈爱之心，其基本立场是反战的。但当战事不可避免时，老子强调应“不敢为主，而为客；不敢进寸，而退尺”，即不主动侵略他人，完全采取防御之势。“行无行，攘无臂，扔无敌，执无兵”指的是虽有克敌制胜的力量，但不轻易使用这种力量。

老子的这种思想，常被认为是一种消极的防御，这其实是一种误解。老子的“不争”，不主动进攻，都是建立在自身强大的基础之上，是有进犯对方的实力却不挑衅、不侵略。而一旦进入战争状态，老子又强调“以奇用兵”（第五十七章），且不可“轻敌”，轻敌就可能造成不必要的死伤，伤亡多则伤“慈”，“几丧吾宝”。可以看出老子为避免战争中更多的伤亡，希望战事能速战速决，这种主张不可能是被动挨打的消极的防御。这种贯彻了慈爱之心的战略思想可以说极有现实意义，可为当今世界各国尤其是大国提供借鉴。

本章讲到“哀兵必胜，骄兵必败”的道理，成为千古兵家的军事名言。“哀者胜矣”的“哀”当作“慈”解，意指怀有慈爱之心的一方会取得胜利，同第六十七章的“夫慈，以战则胜”意思一致。后世多将“哀”作哀伤、悲愤解，可以说并非老子原意。

第七十章

吾言甚易知，甚易行。天下莫能知，莫能行。

言有宗[1]，事有君[2]。夫唯无知[3]，是以不我知。

知我者希，则[4]我者贵。是以圣人被褐[5]而怀玉。

【注释】

①言有宗：言论有宗旨。

②事有君：行事有根据。

③无知：通常有两种解读：一是指别人不懂得圣人的言论和行事，二是指自己的无知。前者文意更通，今译取前者。

④则：取法，效法，此处用作动词。

⑤被褐：穿着粗布衣服。被，着，穿着。褐，粗布。

【译文】

我的言论很容易理解，也很容易实践。天下人却不能理解，也没有人能实践。

言论有宗旨，行事有根据。正是由于不懂得我的言论和行事，所以不了解我。

了解我的人很少，效法我的就更难得了。因而圣人外面穿着粗布衣服而内怀美玉。

【评析】

本章老子感叹他的思想不被世人理解和实践。一方面老子认为他的学说"甚易知，甚易行"，他提倡的自然无为、致虚守静、柔弱、不争、慈、俭等这些道理，都是日常生活中非常容易理解且不难做到的。但另一方面，真正理解并实践这些原则的人却少之又少。世人皆有追求现实欲望和世俗利益的一面，放下得失进退之心谈何容易，如曹雪芹《好了歌》中言"世人都晓神仙好，惟有功名忘不了"，"世人都晓神仙好，只有金银忘不了"。所以老子感叹"知我者希，则我者贵"。

老子的学说文字简朴但充满智慧，后世研究老子的不计其数，先秦至今的《老子》注本有几百种之多，其中不乏大家之作。在当代社会，老子的思想仍有着强大的生命力和当世价值。我们每个人都可以试着去体悟"道"之真谛，并在实践中践行"道"的理论，让其发挥美玉般的价值。

第七十一章

知不知[①],尚[②]矣;不知知[③],病也。圣人不病,以其病病[④]。夫唯病病,是以不病。

【注释】

①知不知:这句话通常有两种解释:一、知道自己有所不知;二、知道却不自以为知道。两种解释都有道理,今译从前者。

②尚:通“上”。

③不知知:不知道却自以为知道。

④以其病病:以病为病,把缺点当作缺点。病,缺点,不足。

【译文】

知道自己有所不知,这是最好的;不知道却自以为知道,这是大缺点。圣人没有缺点,因为他把缺点当作缺点。正因为他把缺点当作缺点,所以他是没有缺点的。

【评析】

本章是关于如何认识自己的格言。在老子看来,能正确认识自己,承认自己有所不足,知道自己有哪些缺点和问题,并“以其病病”,不断地审视和反省自己,探寻自己“不知”的原因所在,才能不断地提高和完善自己,领悟大道。

如果不知道却自以为知道,对事物一知半解却自以为是,妄下断言,往往会在实践中遭遇挫败。如果这种人又握有权柄,则会给社会造成危害。同时代的孔子也有类似名言:“知之为知之,不知为不知,是知也。”(《论语·为政》)也是主张人应有自知之明。

承认和正视人的认知局限,是“道”在认识论上的体现,这与老子一贯主张的谦退无争、守柔、被褐怀玉是一致的。圣人虽深通大道但却“不自见”“不自是”,反而“以其病病”,所以能达到完满的境界。将本章与第二十二章对读,在认识自身问题上会有更深层次的理解。

第七十二章

民不畏威[1]，则大威至[2]。

无狎[3]其所居，无厌[4]其所生。夫唯不厌，是以不厌[5]。

是以圣人自知不自见[6]，自爱不自贵[7]。故去彼取此[8]。

【注释】

①民不畏威：百姓们不畏惧统治者的威压。威，指统治者的威压。

②大威至：大的祸乱就要到来。威，祸乱，威胁。

③无狎(xiá)：不要逼迫。狎，通“狭”，隘，有压迫之意。

④厌：同“压”，压榨。

⑤夫唯不厌，是以不厌：只有不压榨人民，人民才不厌弃统治者。前一“厌”字同“压”，义同上文“无厌其所生”之“厌”；后一“厌”字意为厌恶，厌弃。

⑥不自见：不自显于众，不自我表扬。见，同“现”。

⑦自爱不自贵：自爱而不自显高贵。

⑧去彼取此：舍弃“自见”“自贵”，采取“自知”“自爱”。

【译文】

人民不畏惧统治者的威压，那么大的祸乱就要到来了。

不要逼迫人民不得安居，不要压榨人民的生活。只有不压榨人民，人民才不厌恶统治者。

因此，圣人自知而不自显于众，自爱而不自显高贵。所以舍弃后者

（自见、自贵）而采取前者（自知、自爱）。

【评析】

本章是对统治者的高压政策的抨击和警告。老子认为，统治者实施高压政策，使得老百姓无法安居、难以为生的时候，就会激起人民的反抗，酿成骚乱、暴动甚至是起义，给社会造成严重灾难。毛主席说得好："哪里有压迫，哪里就有反抗。"只有感受不到压迫，能够安定愉快地生活，百姓才会认可统治者。所以统治者不可因位居人上就"自见""自贵"，自以为高人一等就肆意发号施令，威逼人民，而应"自知""自爱"，做到慈、俭、谦退。

第七十三章

勇于敢则杀，勇于不敢则活[①]。此两者，或利或害[②]。天之所恶，孰知其故？

天之道[③]，不争而善胜，不言而善应[④]，不召而自来，繟然[⑤]而善谋。天网恢恢[⑥]，疏而不失[⑦]。

【注释】

①勇于敢则杀，勇于不敢则活：勇于坚强就会死，勇于柔弱就可活。敢，坚强，指争强好胜。不敢，柔弱。

②或利或害：有的得利，有的受害。

③天之道：天道，指自然的规律。本句之前，通行本有"是以圣人犹难之"一句，帛书甲、乙本等无此句，近代以来的学者多认为此句系第六十三章错简重出于此，据删。

④应：回应，指回应万物。

⑤繟(chǎn)然：坦然、舒缓的样子。繟，坦然，舒缓。

⑥天网恢恢：天道之网广大无边。恢恢，广大的样子。

⑦疏而不失：虽然宽疏但并不漏失。

【译文】

勇于坚强就会死，勇于柔弱就可活。这两种勇的结果，有的得利，有的受害。天道所厌恶的，谁知道是什么缘故？

自然的规律，是不争斗而善于取胜，不言语而善于回应，不召唤而万物自动归附，舒缓而善于谋划。天道之网广大无边，虽然宽疏但并不漏失。

【评析】

本章一开始老子就用两种“勇”作对比，认为“勇于敢”会有杀身之祸，这里的“勇于敢”是争强好胜之意，凡事争于先，无所顾忌，遇到灾祸在所难免。“勇于不敢”则相反，遇事守柔不争，不敢为天下先，故而可以保全自己。值得注意的是，本章的“勇于不敢”意味着“不敢”也需要“勇”，“不敢”并非懦弱和软弱，反而需要非同寻常的智慧和勇气。“勇于敢则杀，勇于不敢则活”是自然的规律，但这两种“勇”的利与害却也不是绝对的，因为“天之所恶，孰知其故”。“道”的作用是柔弱的，它所代表的只是事物发展的趋势所在，对具体事物并不横加干涉，所以老子才说“或利或害”。

自然的法则虽然“不争”“不言”“不召”“繟然”，但是却“善胜”“善应”“自来”和“善谋”。“道”的作用虽然柔弱，但却像一张罗网，宽疏但并不漏失。比如逞强好斗也许有一时之胜，暴政威压也许一时有效，但终逃不过“疏而不失”的“天网”。

第七十四章

民不畏死，奈何以死惧之？若使民常畏死，而为奇①者，吾得执而杀之②，孰敢？

常有司杀者③杀。夫代司杀者④杀，是谓代大匠斫⑤。夫代大匠斫者，希有不伤其手矣。

【注释】

①为奇：为邪作恶。奇，奇诡，诡异。

②吾得执而杀之：我就可以把他抓来杀掉。吾，这里假托为统治者的自称，是虚拟的人称。

③司杀者：指专管杀人的人。传统观点将“司杀者”解读为天道，河上公说：“天道至明，司杀有常。”也有学者认为“司杀者”指的是司法机关。从上文“为奇者，吾得执而杀之”及下文“代大匠斫”来看，“司杀者”应是指政府主管刑罚的司法部门。

④代司杀者：代替专管杀人的人。

⑤斫：用刀、斧等砍。

【译文】

人民不畏惧死亡，为什么要用死亡来威胁他们呢？如果人民真的畏惧死亡，那么对于那些为邪作恶之徒，我就可以把他抓来杀掉，谁还敢为非作歹呢？

一直有专管杀人的来执行杀人。如果代替专管杀人的去主持杀戮，就好像代替木匠去砍木头一样。那些代替木匠砍木头的，很少有不砍伤自己的手的。

【评析】

一般人都畏惧死亡，所以严刑峻法对于作恶之人有震慑作用。但当统治者的暴政使人民生不如死时，人们不再畏惧死亡，这时严刑峻法就不再起作用了。封建王朝对起义者都会处以极刑，但每个王朝末期都会有百姓不惧死亡揭竿而起，推翻反动王朝的统治。老子在这里对统治者提出警告，不可将人民逼至“不畏死”的地步，一旦“民不畏死”，离统治者的覆亡就不远了。

老子认为统治者当“无为”，不妄作，杀“为奇者”也应由“司杀者”执行。越过司法机关肆意夺人性命就像“代大匠斫”，最终会伤及自身。老子在政治上崇尚“无为”，但“无为”不是什么事都不做，而是从全局去维护天下万物的自我发展的秩序，使得整个社会能保持自然和谐的状态，所以希望每个个体能各司其职、各尽其责、各得其所。即使是人君，也不可利用手中权力随意断人生死，因为“民不畏死，奈何以死惧之”。

第七十五章

民之饥，以其上食税之多，是以饥。

民之难治，以其上之有为[1]，是以难治。

民之轻死，以其上求生之厚[2]，是以轻死。

夫唯无以生为[3]者，是贤[4]于贵生[5]。

【注释】

①有为：政令繁苛，强作妄为。

②以其上求生之厚：由于统治者奉养过于丰厚奢侈。本句王弼本、河上公本作“以其求生之厚”，据傅奕本补一“上”字，以与前两句体例相合。

③无以生为：不追求厚生，指生活清静恬淡。

④贤：胜于，超过。

⑤贵生：厚养生命。

【译文】

人民之所以饥饿，是因为统治者吞食赋税太多，因而陷于饥饿。

人民之所以难以治理，是因为统治者强作妄为，因而难以治理。

人民之所以轻视死亡，是因为统治者奉养奢厚，因而轻视死亡。

只有清静恬淡的人，比贵生厚养的人更高明。

【评析】

老子在本章中严正指出，正是统治者的残酷剥削、强作妄为、贪图享乐使得老百姓不堪忍受，徘徊在饥饿和生死的边缘，所以受剥削和压迫的百姓才会“难治”“轻死”，而一旦“民不畏死”，政治祸乱就不可避免。所以老子认为统治者宜清静无为，戒贵生厚养。

老子身处乱世，看到了对立的两个社会阶级，一个是靠着搜刮人民而过着侈靡无度生活的统治阶级，一个是被苛政和暴敛逼迫得食不果腹、朝不保夕的被统治阶级。老子对人民有着深切的同情，对当政者的无道和残暴深恶痛绝，因此，他极力呼吁为政者要清静无为。在他看来，这是使社会回归和谐的最好办法。

第七十六章

人之生也柔弱①，其死也坚强②。

万物草木之生也柔脆③，其死也枯槁④。

故坚强者死之徒⑤，柔弱者生之徒。

是以兵强则灭，木强则折⑥。

强大处下，柔弱处上。

【注释】

①柔弱：指人在世的时候身体是柔软的。

②坚强：指人去世以后身体变得僵硬。

③柔脆：指草木之类活着时柔软脆嫩。

④枯槁：指草木之类死后变得干枯、枯萎。

⑤死之徒：属于死亡的一类。徒，类。

⑥兵强则灭，木强则折：用兵逞强就会灭亡，树木强大就会被摧折。本句王弼本作"兵强则不胜，木强则兵"，傅奕本、河上公本第二个"兵"作"共"。几个版本用词不同但意思大体一致。

【译文】

人活着的时候身体是柔软的，死了的时候就变成僵硬的了。

草木万物活着的时候形质是柔脆的，死了的时候就变成干枯的了。

所以坚强的东西属于死亡的一类，柔弱的东西属于存活的一类。

因此用兵逞强就会灭亡，树木强大就会被摧折。

凡是强大的反而处于下位，凡是柔弱的反而居于上位。

【评析】

本章老子再次强调“柔弱胜刚强”的道理。老子通过观察生活中的现象，看到人在有生机时身体是柔弱的，没有生机时身体是僵硬的；草木在有生机时也是柔弱的，没有生机就变得干枯。他由此认为坚强的事物丧失生机，属于“死之徒”；柔弱的事物则充满生机，属于“生之徒”。“坚强者死之徒”是因为“物壮则老”，事物到了极胜之时也是它丧失生机，逐渐僵化，走向衰亡之时。“柔弱者生之徒”是因为柔弱的事物处在成长的状态中，有无限的可能性，充满着生机。同时，坚强的事物过于外显，易招忌恨，比如木秀于林，风必摧之；而柔弱的事物如小草，因为韧性十足反倒难以摧折，所以刚则易折，柔则长存。由此老子希望人们能贵柔戒刚，知雄守雌，不要争强好胜。“兵强则灭，木强则折”，用兵逞强注定没有好的结果，古往今来的侵略者，都以失败而告终。

第七十七章

天之道,其犹张弓与?高者抑之,下者举之;有余者损之,不足者补之。

天之道,损有余而补不足。人之道[1]则不然,损不足以奉有余。

孰能有余以奉天下?唯有道者。

是以圣人为而不恃,功成而不处,其不欲见贤[2]。

【注释】

①人之道:指人类社会的一般规则、法则。

②不欲见贤:不想表现自己的聪明才智。见,即现,显露,表现。

【译文】

自然的法则,不就像拉弓一样吗?弦位高了就把它压低,弦位低了就把它抬高;有余的减少一些,不足的补充一些。

自然的法则,是减少有余来补充不足。社会的法则却不是这样,是减少不足的来供养有余的。

谁能够把有余的拿来供给天下不足的人呢?这只有有道的人才能做到。

因此有道的人作育万物而不自恃己能,功成业就而不自居有功,他不想外显自己的聪明才智。

【评析】

本章老子对比说明了“天之道”和“人之道”的区别，希望“人之道”能效法“天之道”。自然的法则是为了维护整个自然界的生态平衡，因此减少有余来补充不足。比如越处在食物链顶端的动物捕食能力越强，但数量也越少；而食物链低端的动物捕食能力和自保能力虽弱，但繁殖能力强，数量众多。整个动物界也就由此维持了一种平衡。而人类社会的法则刚好相反，比如常见的马太效应，强者愈强、弱者愈弱，富的更富、穷的更穷，结果是贫富差距拉大，社会两极分化。这种违背“天之道”的“人之道”不能持久，“人法地，地法天，天法道”，“人之道”最终应效法“天之道”。“有余”的虽然在一定时间内能更“有余”，但“不道早已”，历史上那些“有余”的最终都没有长保。

得“道”的圣人能领悟“天之道”，“有余以奉天下”，解决了“人之道”所造成的社会问题，使人类社会回归一种平衡的和谐状态，最后功成身退。老子在本章中对“天之道”和“人之道”的描述是相当深刻和有见地的，两千年后的今天，这种“天之道”和“人之道”仍在运行，人类想打破这种“人之道”的努力也在继续。

第七十八章

天下莫柔弱于水，而攻坚强者莫之能胜，以其无以易之[①]。

弱之胜强，柔之胜刚，天下莫不知，莫能行。

是以圣人云："受国之垢[②]，是谓社稷主；受国不祥[③]，是为天下王。"正言若反[④]。

【注释】

①无以易之：没有什么能够替代它。易，替代，取代。

②受国之垢：承担全国的屈辱。垢，通"诟"，屈辱，耻辱。

③受国不祥：承担全国的灾祸。不祥，灾难，祸害。

④正言若反：正面之言听起来好像是反面之言。清代高延第在《老子证义》中说："此语并发明上下篇玄言之旨，凡篇中所谓'曲则全，枉则直，洼则盈，敝则新'；柔弱胜坚强；不益生则久生；无为则有为；不争莫与争；知不言，言不知；损而益，益而损；言相反而理相成，皆正言若反也。"

【译文】

世间最柔弱的莫过于水，而攻克坚强的东西却没有能胜过水的，因为没有什么能替代它。

弱胜强，柔胜刚，天下没有人不知道，却没有人能实行。

因此有道的人说："承担全国的屈辱，才配称国家的君主；承担全国的灾祸，才配做全国的君王。"正面之言听起来好像是反面之言。

【评析】

本章老子又一次强调"柔弱胜刚强"的道理。《老子》中共有六章讲到“柔弱胜刚强”的问题，这是老子辩证法的一个基本命题，体现了老子哲学的价值取向。本章以水为例，指出最柔的水却能攻克坚强的东西，比如滴水可以穿石，洪水能够毁堤淹田。这一“弱之胜强，柔之胜刚”的道理无人不知，但却很少有人去实行它。

之所以“莫能行”，是因为水“处众人之所恶”，甘愿处在一般人所厌恶的卑贱低下的位置，能够承担一般人所不能忍受的屈辱和灾祸。所以水之柔弱是坚韧而又宽容大度的，具有这种品格的，堪为“天下王”。伟大的事物却趋下居卑，正面的事物看上去呈现出反面的状态，即是“正言若反”。“反者道之动”，从事物的反面去彰显事物的正面意义，执守事物的反面，以反来求正，是老子辩证法的一个重要特点。

“受国之垢，是谓社稷主；受国不祥，是为天下王”，这句话也告诉我们，作为万民之王，在身居高位手握重权的同时，也承担了天下的责任。任何事情都有正反两面，在获得荣耀和福利的同时，也须有承担屈辱和灾祸的勇气和能力。所谓“欲戴皇冠，必承其重”也是这个意思。

第七十九章

和[①]大怨，必有余怨，安可以为善？

是以圣人执左契[②]，而不责[③]于人。有德司契，无德司彻[④]。

天道无亲[⑤]，常与善人。

【注释】

①和：调和，调解。

②左契：借据存根。契，契约。古时候，刻木竹为契，剖分左右，借贷双方各存执一半以为凭信。左契由负债人订立，交给债权人收执，相当于今天所说的借据存根。

③责：讨债，索取偿还。

④司彻：掌管税收。彻，周朝的税法，这里指税收。

⑤天道无亲：天道没有偏私。

【译文】

调解深重的怨恨，一定还有余留的怨恨，这样怎能算是妥善的办法呢？

因此圣人保留借据存根，但并不向人索取偿还。有德的人就像掌管借据那样宽容，无德的人就像掌管税收那样苛刻。

天道是没有偏私的，总是和善人在一起。

【评析】

本章老子提醒为政者不可蓄怨于民。老子认为如果结怨过深，无论怎样去调解，都难免留有余怨。因此为政者应“执左契，而不责于人”，对民宽容仁慈，广施德政，不可滥施苛政，结怨于民。如果为政者残暴不仁，法令苛刻，会使得阶级矛盾激化，百姓怨念丛生，一旦积怨太深至难以和解，就会酿成祸乱。

老子在第四十九章中提到“道”对“善者”与“不善者”都“善之”，那么，人行善和作恶是否会是一样的结果？本章老子给出了“天道无亲，常与善人”这样的结论。“天道无亲”，没有任何偏私，并不直接惩恶扬善，但从最终的发展趋势上看，是有利于“善人”，不支持不善之人。执守“道”的原则，坚持无为不争、致虚守静、慈、俭、朴等原则，能最大限度规避风险，保全自身。“道”虽然不会直接对“不道”的行为施以惩罚，但这种“不道”的行为不会持久，自然和社会终究会回到由“道”的规律所决定的大趋势中。

第八十章

小国寡民①。使有什伯人之器②而不用，使民重死③而不远徙④。虽有舟舆⑤，无所乘之；虽有甲兵，无所陈之。使民复结绳⑥而用之。

甘其食，美其服，安其居，乐其俗。邻国相望，鸡犬之声相闻，民至老死不相往来。

【注释】

①小国寡民：国家很小人民稀少。

②什伯人之器：十倍百倍于人工的器械。什，十倍。伯，百倍。此句王弼本作“什伯之器”，据河上公本、帛书本改。

③重死：看重死亡，爱惜生命。

④徙：迁徙，迁移。

⑤舆：车，车辆。

⑥结绳：文字产生以前，人们在绳子上打结用以记事。

【译文】

国家很小人民稀少。即使有十倍百倍于人工的器械却并不使用，使人民重视死亡而不向远方迁移。虽有船只车辆，却没有必要去乘坐；虽有武器装备，却没有机会去陈列使用。使人民回复到结绳记事的状态。

让人民觉得饮食香甜，衣服美观，居所安适，习俗和乐。邻国之间可以彼此看得见，鸡鸣狗叫的声音可以互相听得到，人民活到老死互相之间不往来。

【评析】

本章老子描绘了一个“小国寡民”的社会。在这个社会里，虽然有先进的器械但并不使用，虽然有船只车辆但没有地方使用，虽然有武器装备但没有机会陈列使用，虽然有文字但生活中用不着，这是一个有着先进文明，但人民保持了素朴恬淡的社会。人们过着有甘食、美服、安居、乐俗的生活，邻里之间虽然相隔很近但却互不往来。这样一个没有战乱，没有压迫，没有利巧，民风淳朴的社会，寄托着老子对美好社会的期望。

常有人把“小国寡民”视为老子提出的一种理想的社会制度，但《老子》全篇只有本章提到“小国寡民”，其中并没有详细阐述国家制度建设问题。老子虽然强调应无为而治，但并没有具体说明该怎样无为而治。本章老子主要描绘了理想社会的一些情况，并没有上升到社会制度设计层面。

第八十一章

信言[1]不美，美言不信。

知者不博，博者不知。

善者不多，多者不善[2]。

圣人不积[3]，既以为人己愈有，既以与人己愈多。

天之道，利而不害；人之道[4]，为而不争。

【注释】

①信言：真实可信的言语。

②善者不多，多者不善：本句通行本作"善者不辩，辩者不善"，且在"知者不博，博者不知"句前，"善者不辩，辩者不善"与前句语义有重复，据帛书乙本改。

③圣人不积：圣人没有保留，没有私心。

④人之道：通行本作"圣人之道"，不如帛书本作"人之道"，与上文"天之道"对应，据改。

【译文】

真实的言语不华美，华美的言语不真实。

真有知识的人不炫耀广博，炫耀广博的人不是真有知识。

好的事物数量不多，数量过多的事物不好。

圣人没有私心，他尽力帮助别人，自己也更为充足；他尽量给予别人，自己反而更丰富。

自然的规律，是有利万物而不加以损害；人世的行为准则，是有所作为而不争夺。

【评析】

本章是《老子》的最后一章。前三句老子运用“正言若反”的辩证思维，指出“信言不美”“知者不博”“善者不多”。真实可靠的言语往往都非常简单质朴，而华美动听的言语往往虚饰不实。有真知的人并不炫耀卖弄自己的广博，而没有真知的人常常自矜自夸。好的事物并非越多越好，一旦多到天下“皆知善之为善”，就是“不善”了。这几句格言贯彻了老子自然、纯朴的原则。

“圣人不积，既以为人己愈有，既以与人己愈多”表现出一种大爱的情怀。“圣人”效法“利而不害”的天道，表现出“为而不争”的行为。他不断帮助和给予别人，而不希图任何回报，也不和人争夺名利。在“为人”和“与人”的同时，他反而能自然而然地获得更多。“为而不争”也表明老子的“不争”是在“为”的基础上的“不争”，他鼓励人们发挥主观能动性去积极作为，同时又劝诫人们不要争夺，不必将成果据为己有。

附录一　马王堆汉墓帛书《德道经》甲本①

德　经

【·上德不德，是以有德。下德不失德，是以无】德。上德无【为而】无以为也。上仁为之【而无】以为也。上义为之而有以为也。上礼【为之而莫之应也，则】攘臂而乃(扔)之。故失道。失道矣而后德，失德而后仁，失仁而后义，【失】义而【后礼。夫礼者，忠信之薄也】，而乱之首也。【前识者，】道之华也，而愚之首也。是以大丈夫居其厚而不居其泊(薄)，居其实不居其华。故去皮(彼)取此。昔之得一者，天得一以清，地得【一】以宁，神得一以霝(灵)，浴【谷】得一以盈，侯【王得一】而以为正。其致之也，胃(谓)天毋已清将恐【裂】，胃(谓)地毋【已宁】将恐【发】，胃(谓)神毋已霝(灵)将恐歇，胃(谓)浴(谷)毋已盈将恐渴(竭)，胃(谓)侯王毋已贵【以高将恐蹶】。故必贵而以贱为本，必高矣而以下为基。夫是以侯王自胃(谓)【曰】孤寡不橐(縠)，此其贱【之本】与？非【也】？故致数与(誉)无与(誉)。是故不欲【禄禄】若玉，硌硌【若石】。【上士闻道，勤能行之。中士闻道，若存若亡。下士闻道，大笑之。弗笑，不足以为道。是以建言有之曰：明道如费，进道如退，夷道如类。上德如谷，大白如辱，广德如不足。建德如偷，质真如渝，大方无隅。大器晚成，大音希声，大象无形，道褒无名。夫唯】道，善【始且善成。反也者】，道之动也。弱也者，道

---

①马王堆汉墓帛书《德道经》甲本、乙本系由湖南省博物馆提供，原载《马王堆汉墓帛书(壹)》，文物出版社 1980 年 3 月出版。“【】”中的文字系缺损部分，由甲、乙两本互补，若两本俱残或彼此字数有出入时，则选用传世诸本补入。“·”系帛书甲本的分段符号。

之用也。天【下之物生于有，有生于无。道生一，一生二，二生三，三生万物。万物负阴而抱阳】，中气以为和。天下之所恶，唯孤寡不橐（穀），而王公以自名也。勿（物）或敗（损）之【而益，益】之而敗（损）。故人【之所】教，夕（亦）议而教人。故强良（梁）者不得死，我【将】以为学父。天下之至柔，【驰】骋于天下之致（至）坚。无有入于无间。五（吾）是以知无为【之有】益也。不【言之】教，无为之益，【天】下希能及之矣。名与身孰亲？身与货孰多？得与亡孰病？甚【爱必大费，多藏必厚】亡。故知足不辱，知止不殆，可以长久。大成若缺，其用不弊（敝）。大盈若浊（冲），其用不郡（窘）。大直如诎（屈），大巧如拙，大赢如炳。趮（躁）胜寒，靓（静）胜炅（热）。请（清）靓（静），可以为天下正。·天下有道，【却】走马以粪。天下无道，戎马生于郊。·罪莫大于可欲，䜛（祸）莫大于不知足，咎莫憯于欲得。【故知足之足】，恒足矣。不出于户，以知天下。不规（窥）于牖，以知天道。其出也弥远，其【知弥少。是以圣人不行而知，不见而名】，弗为而【成】。为【学者日益，闻道者日损。损之又损，以至于无为，无为而无不为。将欲】取天下也，恒【无事，及其有事也，又不足以取天下矣。圣人恒无心】，□以百【姓】之心为【心】。善者善之，不善者亦善【之，得善也。信者信之，不信者亦信之，得】信也。【圣人】之在天下，愴（歙）愴（歙）焉，为天下浑心，百姓皆属耳目焉，圣人皆咳之。【出】生，【入死。生之徒十】有【三，死之】徒十有三，而民生生，动皆之死地之十有三。夫何故也？以其生生也。盖【闻善】执生者，陵行不【避】矢（兕）虎，入军不被甲兵。矢（兕）无所椯（揣）其角，虎无所昔（措）其蚤（爪），兵无所容【其刃，夫】何故也？以其无死地焉。·道生之而德畜之，物刑（形）之而器成之。是以万物尊道而贵【德。道】之尊，德之贵也，夫莫之时（爵）而恒自然也。·道生之，畜之，长之，遂之，亭之，□之，【养之，覆之。生而】弗有也，为而弗寺（恃）也，长而弗宰也，此之谓玄德。·天下有始，以为天下母。㮣（既）得其母，以知其【子】，复守其母，没身不殆。·塞其閟（闷），闭其门，终身不堇（勤）。启其闷，济其事，终身【不棘。见】小曰【明】，守柔曰强。用其光，复归其明。毋道〈遗〉身央（殃），是胃（谓）袭常。·使我擦（挈）有知也,【行于】大道,唯【施是畏。大道】甚夷,民甚好解。朝甚除,田甚芜,仓甚虚;服文采,带利【剑。厌】食,货【财有余。是谓盗夸。盗夸,非道也】。善建【者不】拔,【善抱者不脱】,子孙以祭祀【不绝。修之身,其德乃真。修之家,其德有】余。修之【乡,其德乃长,修之邦,其德乃丰。修之天下,其德乃溥】。以身【观】身,以家观家,以乡观乡,以邦观邦,以天【下】观【天下。吾何以知天下之然哉?以此。含德】之厚【者】,比于赤子。逢(蜂)楋(蠆)蝦(虺)地(蛇)弗螫,攫鸟猛兽弗搏。骨弱筋柔而握固。未知牝牡【之会】而朘【怒】,精【之】至也。终曰〈日〉号而不发(嚘),和之至也。和曰常,知和〈常〉曰明,益生曰祥,心使气曰强。【物壮】即老,胃(谓)之不道,不【道早已。知者】弗言,言者弗知。塞其闷,闭其【门,和】其光,同其墼(尘),坐(挫)其阅(锐),解其纷,是胃(谓)玄同。故不可得而亲,亦不可得而疏;不可得而利,亦不可得而害;不可【得】而贵,亦不可得而浅(贱)。故为天下贵。·以正之(治)邦,以畸(奇)用兵,以无事取天下。吾何【以知其然】也戈(哉)?夫天下【多忌】讳,而民弥贫。民多利器,而邦家兹(滋)昏。人多知(智),而何(奇)物兹(滋)【起。法物滋章,而】盗贼【多有。是以圣人之言曰】:我无为也,而民自化。我好静,而民自正。我无事,民【自富。我欲不欲,而民自朴。其政闵闵,其邦屯屯】。其正(政)察察,其邦夬(缺)夬(缺)。𢞁(祸),福之所倚;福,𢞁(祸)之所伏;【孰知其极?其无正也?正复为奇,善复为妖。人之迷也,其日固久矣。是以方而不割,廉而不刺,直而不绁,光而不曜。治人事天,莫若啬。夫惟啬,是以早服。早服是谓重积德。重积德则无不克,无不克则莫知其极。莫知其极】,可以有国。有国之母,可以长久。是胃(谓)深槿(根)固氐(柢),长【生久视之】道也。【治大国若烹小鲜。以道莅】天下,其鬼不神。非其鬼不神也,其神不伤人也。非其申(神)不伤人也,圣人亦弗伤【也。夫两】不相【伤,故】德交归焉。大邦者,下流也,天下之牝。天下之郊(交)也,牝恒以靓(静)胜牡。为其靓(静)【也,故】宜为下。大邦【以】下小【邦】,则取小邦。小邦以下大邦,则取于大邦。故或下以取,或下而取。【故】大邦者不过欲兼畜人,小邦者不过欲入事人。夫皆得其欲,【故大邦者宜】为下。【道】者，万物之注也，善人之葆（保）也，不善人之所葆（保）也。美言可以市，尊行可以贺（加）人。人之不善也，何弃【之】有？故立天子，置三卿，虽有共之璧以先驷马，不善〈若〉坐而进此。古之所以贵此者何也？不胃（谓）【求以】得，有罪以免舆（与）？故为天下贵。·为无为，事无事，味无未（味）。大小多少，报怨以德。图难乎【其易也，为大乎其细也】。天下之难作于易，天下之大作于细。是以圣人冬（终）不为大，故能【成其大。夫轻诺者必寡信。多易】必多难，是【以圣】人猷（犹）难之，故终于无难。·其安也，易持也。【其未兆也】，易谋【也。其脆也，易判也。其微也，易散也。为之于其未有，治之于其未乱也。合抱之木，生于】毫末。九成之台，作于羸（蔂）土。百仁（仞）之高，台（始）于足【下。为之者败之，执之者失之。圣人无为】也，【故】无败【也】；无执也，故无失也。民之从事也，恒于其成事而败之。故慎终若始，则【无败事矣。是以圣人】欲不欲，而不贵难得之腾（ 赆）；学不学，而复众人之所过；能辅万物之自【然，而】弗敢为。故曰：为道者非以明民也，将以愚之也。民之难【治】也，以其知（智）也。故以知（智）知邦，邦之贼也；以不知（智）知邦，【邦之】德也；恒知此两者，亦稽式也。恒知稽式，此胃（谓）玄德。玄德深矣，远矣，与物【反】矣，乃【至大顺。江】海之所以能为百浴（谷）王者，以其善下之，是以能为百浴（谷）王。是以圣人之欲上民也，必以其言下之；其欲先【民也】，必以其身后之。故居前而民弗害也，居上而民弗重也。天下乐隼（推）而弗猒（厌）也，非以其无静（争）与？故【天下莫能与】静（争）。·小邦募（寡）民，使十百人之器毋用。使民重死而远送〈徙〉。有车周（舟）无所乘之，有甲兵无所陈【之。使民复结绳而】用之。甘其食，美其服，乐其俗，安其居。{鄰}（邻）邦相壁〈望〉，鸡狗之声相闻，民【至老死不相往来。信言不美，美言】不【信。知】者不博，【博】者不知。善【者不多，多】者不善。·圣人无积，【既】以为【人，己愈有；既以予人，己愈多。故天之道，利而不害；人之道，为而弗争。天下皆谓我大，不肖】。夫唯【大】，故不宵（肖）。若宵（肖），细久矣。我恒有三葆（宝），之，一曰兹（慈），二曰检（俭），【三曰不敢为天下先。夫慈，故能勇；【俭】，故能广；不敢为天下先，故能为成事长。今舍其兹(慈)，且勇；舍其后，且先；则必死矣。夫兹(慈)，【以战】则胜，以守则固。天将建之，女(如)以兹(慈)垣之。善为士者不武，善战者不怒，善胜敌者弗【与】，善用人者为之下。【是】胃(谓)不静(争)之德，是胃(谓)用人，是胃(谓)天，古之极也。·用兵有言曰：吾不敢为主而为客，吾不进寸而芮(退)尺。是胃(谓)行无行，襄(攘)无臂，执无兵，乃(扔)无敌矣。䊾(祸)莫于〈大〉于无适(敌)，无适(敌)斤(近)亡吾葆(宝)矣。故称兵相若，则哀者胜矣。吾言甚易知也，甚易行也；而人莫之能知也，而莫之能行也。言有君，事有宗。夫唯无知也，是以不【我知。知者希，则】我贵矣。是以圣人被褐而褱(怀)玉。知不知，尚矣；不知不知，病矣。是以圣人之不病，以其【病病。是以不病。民之不】畏畏(威)，则大【威将至】矣。·母(毋)闸(狎)其所居，毋猒(厌)其所生。夫唯弗猒(厌)，是【以不厌。是以圣人自知而不自见也，自爱】而不自贵也。故去被(彼)取此。·勇于敢者【则杀，勇】于不敢者则栝(活)。【知此两者，或利或害。天之所恶，孰知其故？天之道，不战而善胜】，不言而善应，不召而自来，弹(坦)而善谋。【天网恢恢，疏而不失。若民恒且不畏死】，奈何以杀愳(惧)之也？若民恒是〈畏〉死，则而为者吾将得而杀之，夫孰敢矣！若民【恒且】必畏死，则恒有司杀者。夫伐〈代〉司杀者杀，是伐〈代〉大匠斫也。夫伐〈代〉大匠斫者，则【希】不伤其手矣。·人之饥也，以其取食遂之多也，是以饥。百姓之不治也，以其上有以为【也】，是以不治。·民之巠(轻)死，以其求生之厚也，是以巠(轻)死。夫唯无以生为者，是贤贵生。·人之生也柔弱，其死也䏼仞贤(坚)强。万物草木之生也柔脆，其死也椁(枯)槀(槁)。故曰："坚强者，死之徒也；柔弱微细，生之徒也。"兵强则不胜，木强则恒。强大居下，柔弱微细居上。天下【之道，犹张弓】者也，高者印(抑)之，下者举之，有余者敗(损)之，不足者补之。故天之道，敗(损)有【余而补不足；人之道则】不然，敗(损)【不足以】奉有馀。孰能有余而有以取奉于天者乎？【唯有道者乎？是以圣人为而弗有，成功而弗居也。若此其不欲】见贤也。天下莫柔【弱于水，而攻】坚强者莫之能【先】也，以其无【以】易【之也。故柔胜刚，弱】胜强，天【下莫不知，而莫能】行也。故圣人之言云，曰：受邦之訽（诟），是胃（谓）社稷之主；受邦之不祥，是胃（谓）天下之王。【正言】若反。和大怨，必有余怨，焉可以为善？是以圣右介（契）而不以责于人。故有德司介（契），【无】德司彻（彻）。夫天道无亲，恒与善人。

道　经

·道，可道也，非恒道也。名，可名也，非恒名也。无名，万物之始也。有名，万物之母也。【故】恒无欲也，以观其眇（妙）；恒有欲也，以观其所噭。两者同出，异名同胃（谓）。玄之有（又）玄，众眇（妙）之【门】。天下皆知美为美，恶已；皆知善，訾（斯）不善矣。有、无之相生也，难、易之相成也，长、短之相刑（形）也，高、下之相盈也，意〈音〉、声之相和也，先、后之相隋（随），恒也。是以声（圣）人居无为之事，行【不言之教。万物作而弗始】也，为而弗志（恃）也，成功而弗居也。夫唯居，是以弗去。不上贤，【使民不争。不贵难得之货，使】民不为【盗】。不【见可欲，使】民不乱。是以声（圣）人之【治也，虚其心，实其腹；弱其志】，强其骨。恒使民无知无欲也。使【夫知不敢弗为而已，则无不治矣。道冲，而用之又弗】盈也。潚（渊）呵始（似）万物之宗。锉（挫）其【锐】，解其纷，和其光，同【其尘。湛呵似】或存。吾不知【谁】子也，象帝之先。天地不仁，以万物为刍狗。声（圣）人不仁，以百省（姓）【为刍】狗。天地【之】间，【其】犹橐籥舆（与）？虚而不淈（屈），踵（动）而俞（愈）出。多闻数穷，不若守于中。浴（谷）神【不】死，是胃（谓）玄牝。玄牝之门，是胃（谓）【天】地之根。绵绵呵若存，用之不堇（勤）。天长，地久。天地之所以能【长】且久者，以其不自生也，故能长生。是以声（圣）人芮（退）其身而身先，外其身而身存。不以其无【私】舆（与）？故能成其私。上善治（似）水。水善利万物而有静（争），居众之所恶，故【几于道矣。居善地】，心善潚（渊），予善信，正（政）善治，事善能，踵（动）善时。夫唯不静（争），故无尤。揰（持）而盈之，不【若其已。揣而】□之□之，□可长葆之。金玉盈室，莫之守也。贵富而驕(骄)，自遗咎也。功述(遂)身芮(退)，天【之道也。戴营魄抱一，能毋离乎？槫气至柔】，能婴儿乎？脩(涤)除玄蓝(鉴)，能毋疵乎？爱【民活国，能毋以知乎？天门启阖，能为雌乎？明白四达，能毋以为乎？】生之，畜之。生而弗【有，长而弗宰，是谓玄】德。卅【辐同一毂，当】其无【有，车】之用【也】。然(埏)埴为器，当其无有，埴器【之用也。凿户牖】，当其无有，【室】之用也。故有之以为利，无之以为用。五色使人目明〈盲〉，驰骋田腊(猎)使人【心发狂】，难得之價(货)使人之行方(妨)，五味使人之口啪(爽)，五音使人之耳聋。是以声(圣)人之治也，为腹不【为目】。故去罢(彼)耳〈取〉此。龙(宠)辱若惊，贵大梡(患)若身。苛(何)胃(谓)龙(宠)辱若惊？龙(宠)之为下，得之若惊，失【之】若惊，是胃(谓)龙(宠)辱若惊。何胃(谓)贵大梡(患)若身？吾所以有大梡(患)者，为吾有身也。及吾无身，有何梡(患)？故贵为身于为天下，若可以迈(托)天下矣；爱以身为天下，女何〈可〉以寄天下。视之而弗见，名之曰微。听之而弗闻，名之曰希。捪之而弗得，名之曰夷。三者不可至(致)计(诘)，故園【而为一】。一者，其上不攸，其下不忽。寻寻呵不可名也，复归于无物。是胃(谓)无状之状，无物之【象。是谓忽恍。随而不见其后，迎】而不见其首。执今之道，以御今之有，以知古始，是胃(谓)【道纪。古之善为道者，微妙玄达】，深不可志(识)。夫唯不可志(识)，故强为之容，曰：与呵其若冬【涉水，犹呵其若】畏四【邻，严】呵其若客，涣呵其若凌(凌)泽(释)，□呵其若楃(朴)，湷【呵其若浊，湛呵其】若浴(谷)。浊而情(静)之，余(徐)清。女〈安〉以重(动)之，余(徐)生。葆此道不欲盈。夫唯不欲【盈，是】以能【敝而不】成。至虚极也，守情(静)表也。万物旁(并)作，吾以观其复也。天物云云，各复归于其【根，曰静。】情(静)，是胃(谓)复命。复命，常也。知常，明也。不知常，帝(妄)，帝(妄)作凶。知常容，容乃公，公乃王，王乃天，天乃道，【道乃久】，沕(没)身不怠。大上下知有之，其次亲誉之，其次畏之，其下母(侮)之。信不足，案有不信。【犹呵】其贵言也。成功遂事，而百省(姓)胃(谓)我自然。故大道广，案有仁义。

知(智)快(慧)出,案有大伪。六亲不和,案有畜(孝)兹(慈)。邦家闒(昏)乱,案有贞臣。绝声(圣)弃知(智),民利百负(倍)。绝仁弃义,民复畜(孝)兹(慈)。绝巧弃利,盗贼无有。此三言也,以为文未足,故令之有所属。见素抱【朴,少私寡欲。绝学无忧】。唯与诃,其相去几何?美与恶,其相去何若?人之【所畏】,亦不【可以不畏。恍呵其未央哉】·众人巸(熙)巸(熙),若乡(飨)于大牢,而春登台。我泊焉未佻(兆),若【婴儿未咳】。累呵如【无所归。众人】皆有余,我独遗。我禺(愚)人之心也,蠢蠢呵。鬻(俗)【人昭昭,我独若】閒(昏)呵。鬻(俗)人蔡(察)蔡(察),我独閩(闷)閩(闷)呵。忽呵其若【海】,望(恍)呵其若无所止。【众人皆有以,我独顽】以悝(俚)。吾欲独异于人,而贵食母。孔德之容,唯道是从。道之物,唯望(恍)唯忽。【忽呵恍】呵,中有象呵。望(恍)呵忽呵,中有物呵。灣(幽)呵鸣(冥)呵,中有请(精)吔〈呵〉。其请(精)甚真,其中【有信】。自今及古,其名不去,以顺众仪(父)。吾何以知众仪(父)之然?以此。炊者不立,自视(示)不章,【自】见者不明,自伐者无功,自矜者不长。其在道,曰:"粽(余)食、赘行。"物或恶之,故有欲者【弗】居。曲则金(全),枉则定(正),洼则盈,敝则新。少则得,多则惑。是以声(圣)人执一,以为天下牧。不【自】视(示)故明,不自见故章,不自伐故有功,弗矜故能长。夫唯不争,故莫能与之争。古【之所谓曲全者几】语才(哉),诚金(全)归之。希言自然。飘风不冬(终)朝,暴雨不冬(终)日。孰为此?天地,【而弗能久,又况】于【人乎】?故从事而道者同于道,德(得)者同于德(得),者〈失〉者同于失。同德(得)【者】,道亦德(得)之。同于失者,道亦失之。有物昆成,先天地生。绣(寂)呵缪(寥)呵,独立【而不改】,可以为天地母。吾未知其名,字之曰道。吾强为之名曰大。【大】曰筮(逝),筮(逝)曰【远,远曰反。道大】,天大,地大,王亦大。国中有四大,而王居一焉。人法地,【地】法【天】,天法【道,道】法【自然。重】为巠(轻)根,清(静)为趮(躁)君。是以君子众(终)日行,不离其甾(辎)重,唯(虽)有环官,燕处【则昭】若。若何万乘之王而以身巠(轻)于天下?巠(轻)则失本,趮(躁)则失君。善行者无勶(辙)迹,【善】言者无瑕适(谪),善数者不以梼(筹)箣(策)。善闭者无闗(关)籥(闟)而不可启也,善结者【无纆】约而不可解也。是以声(圣)人恒怵(救)人,而无弃人,物无弃财,是胃(谓)明。故善【人,善人】之师;不善人,善人之齎(资)也。不贵其师,不爱其齎(资),唯(虽)知(智)乎大眯(迷)。是胃(谓)眇(妙)要。知其雄,守其雌,为天下溪。为天下溪,恒德不鸡〈离〉。恒〈德〉不鸡〈离〉,复归婴儿。知其白,守其辱,为天下。为天下浴(谷),恒德乃【足】。德乃【足,复归于朴】。知其,守其黑,为天下式。为天下式,恒德不貣(忒)。德不貣(忒),复归于无极。楃(朴)散【则为器,圣】人用则为官长。夫大制无割。将欲取天下而为之,吾见其弗【得已。夫天下,神】器也,非可为者也。为者败之,执者失之。物或行或随,或炅(热)或【吹,或强或挫】,或坏(培)或撱(堕)。是以声(圣)人去甚,去大,去楮(奢)。以道佐人主,不以兵强【于】天下。【其事好还,师之】所居,楚朸(棘)生之。善者果而已矣,毋以取强焉。果而毋驕(骄),果而勿矜,果而【勿伐】,果而毋得已居,是胃(谓)【果】而不强。物壮而老,是胃(谓)之不道,不道蚤(早)已。夫兵者,不祥之器【也】。物或恶之,故有欲者弗居。君子居则贵左,用兵则贵右。故兵者非君子之器也。【兵者】不祥之器也,不得已而用之,銛袭为上,勿美也。若美之,是乐杀人也。夫乐杀人,不可以得志于天下矣。是以吉事上左,丧事上右;是以便(偏)将军居左,上将军居右,言以丧礼居之也。杀人众,以悲依(哀)立(莅)之;战胜,以丧礼处之。道恒无名,楃(朴)唯(虽)【小而天下弗敢臣。侯】王若能守之,万物将自宾。天地相谷〈合〉,以俞甘洛(露)。民莫之【令,而自】均焉。始制有【名。名亦既】有,夫【亦将知止,知止】所以不【殆】。俾(譬)道之在天【下也,犹小】浴(谷)之与江海也。知人者,知(智)也。自知【者,明也。胜人】者,有力也。自胜者,【强也。知足者,富】也。强行者,有志也。不失其所者,久也。死不忘者,寿也。道泛【呵其可左右也,成功】遂事而弗名有也。万物归焉而弗为主,则恒无欲也,可名于小。万物归焉【而弗】为主,可名于大。是【以】声(圣)人之能成大也,以其不为大也,故能成大。执大象,【天下】往。往而不害,安平大。乐与饵,过格(客)止。故道之出言也,曰:“谈(淡)呵其无味也。【视之】，不足见也。听之，不足闻也。用之，不可既也。”将欲拾(翕)之，必古(固)张之。将欲弱之，【必固】强之。将欲去之，必古(固)与之。将欲夺之，必古(固)予之。是胃(谓)微明。友弱胜强，鱼不脱于潚(渊)，邦利器不可以视(示)人。道恒无名，侯王若守之，万物将自愚(化)。愚(化)而欲【作，吾将镇之以无】名之楃(朴)。【镇之以】无名之楃(朴)，夫将不辱。不辱以情(静)，天地将自正。

附录二　马王堆汉墓帛书《德道经》乙本

德　经

上德不德，是以有德。下德不失德，是以无德。上德无为而无以为也。上仁为之而无以为也。上德〈义〉为之而有以为也。上礼为之而莫之应也，则攘臂而乃(扔)之。故失道而后德，失德而句(后)仁，失仁而句(后)义，失义而句(后)礼。夫礼者，忠信之泊(薄)也，而乱之首也。前识者，道之华也，而愚之首也。是以大丈夫居【其厚不】居其泊(薄)，居其实而不居其华。故去罢(彼)而取此。昔得一者，天得一以清，地得一以宁，神得一以霝(灵)，浴(谷)得一盈，侯王得一以为天下正。其至也，胃(谓)天毋已清将恐莲(裂)，地毋已宁将恐发，神毋【已灵将】恐歇，谷毋已【盈】将渴(竭)，侯王毋已贵以高将恐欮(蹶)。故必贵以贱为本，必高矣而以下为基。夫是以侯王自胃(谓)孤寡不橐(榖)，此其贱之本与？非也？故至数舆无舆。是故不欲禄禄若玉，硌硌若石。上【士闻】道，堇(勤)能行之。中士闻道，若存若亡。下士闻道，大笑之。弗笑【不足】以为道。是以建言有之曰：明道如费，进道如退，夷道如类。上德如浴(谷)，大白如辱，广德如不足。建德如【偷】，质【真如渝】，大方无禺(隅)，大器免(晚)成，大音希声，天〈大〉象无刑(形)，道褒无名。夫唯道，善始且善成。反也者，道之动也。【弱也】者，道之用也。天下之物生于有，有【生】于无。道生一，一生二，二生三，三生【万物。万物负阴而抱阳，中气】以为和。人之所亚(恶)，唯孤寡不橐(榖)，而王公以自【称也。物或益之而】云(损)，云(损)之而益。【人之所教，亦议而教人。强梁者不得其死】，吾将以【为学】父。天下之至【柔】，驰骋乎天下【之至坚。出于无有，入于】无间。吾是以【知无为之有益】也。不【言之教，无为之益，天下希能及之】矣。名与【身孰亲？身与货孰多？得与亡孰病？甚爱必大费，多藏必厚亡。故知足不辱，知止不殆，可以长久。大成如缺，其用不敝。大】盈如冲，其【用不穷。大直如诎，大辩如讷，大】巧如拙，【大赢如】绌。趮（躁）朕（胜）寒，【静胜热。知清静，可以为天下正。天下有】道，却走马【以】粪。无道，戎马生于郊。罪莫大可欲，祸【莫大于不知足，咎莫憯于欲得。故知足之足，恒】足矣。不出于户，以知天下。不規（窥）于【牖，以】知天道。其出籋（弥）远者，其知籋（弥）【鲜。是以圣人不行而知，不见】而名，弗为而成。为学者日益，闻道者日云（损），云（损）之有（又）云（损），以至于无【为，无为而无不为矣。将欲】取天下，恒无事，及其有事也，【又不】足以取天【下矣。圣】人恒无心，以百省（姓）之心为心。善【者善之，不善者亦善之，得】善也。信者信之，不信者亦信之，德（得）信也。耶（圣）人之在天下也欲（歙）欲（歙）焉，【为天下浑心，百】生（姓）皆注其【耳目焉，圣人皆咳之。出】生，入死。生之【徒十有三，死】之徒十又（有）三，而民生生，僮（动）皆之死地之十有三。【夫】何故也？以其生生。盖闻善执生者，陵行不辟（避）兕虎，入军不被兵革。兕无【所椯其角，虎无所措】其蚤（爪），兵【无所容其刃，夫何故】也？以其无【死地焉】。道生之，德畜之，物刑（形）之而器成之。是以万物尊道而贵德。道之尊也，德之贵也，夫莫之爵也，而恒自然也。道生之，畜【之，长之，育】之，亭之，毒之，养之，复（覆）【之。生而弗有，为而弗恃，长而】弗宰，是胃（谓）玄德。天下有始，以为天下母。既得其母，以知其子，既○知其子，复守其母，没身不佁（殆）。塞其垸，闭其门，冬（终）身不堇（勤）。启其垸，齐其【事，终身】不棘。见小曰明，守【柔曰】强。用【其光，复归其明。无】遗身央（殃），是胃（谓）【袭】常。使我介有知，行于大道，唯他（施）是畏。大道甚夷，民甚好懈。朝甚除，田甚芜，仓甚虚；服文采，带利剑，猒（厌）食而齎（资）财【有余，是谓】盗□。【盗】□，非【道】也。善建者【不拔，善抱者不脱】，子孙以祭祀不绝。脩之身，其德乃真。脩之家，其德有余。脩之乡，其德乃长。脩之国，其德乃夆（丰）。脩之天下，其德乃博（溥）。以身观身，以家观

【家，以国观】国，以天下观天下。吾何【以】知天下之然兹（哉）？以【此】。含德之厚者，比于赤子。螽（蜂）疠（虿）虫（虺）蛇弗赫（螫），据鸟孟（猛）兽弗捕（搏），骨筋弱柔而握固。未知牝牡之会而朘怒，精之至也。冬（终）日号而不嚘，和【之至也。知和曰】常，知常曰明，益生【曰】祥，心使气曰强。物【壮】则老，胃（谓）之不道，不道蚤（早）已。知者弗言，言者弗知。塞其垸，闭其门，和其光，同其尘，锉（挫）其兑（锐）而解其纷，是胃（谓）玄同。故不可得而亲也，亦【不可】得而【疏；不可】得而○利，【亦不可】得而害；不可得而贵，亦不可得而贱。故为天下贵。以正之（治）国，以畸（奇）用兵，以无事取天下。吾何以知其然也才（哉）？夫天下多忌讳，而民弥贫。民多利器，【而国家滋】昏。【人多智慧，而奇物滋起。法】物兹（滋）章，而盗贼【多有】。是以【圣】人之言曰：我无为而民自化，我好静而民自正，我无事而民自富，我欲不欲而民自朴。其正（政）閵（闵）閵（闵），其民屯屯。其正（政）察察，其【民缺缺】。福，【祸】之所伏，孰知其极？【其】无正也？正【复为奇】，善复为【妖。人】之悉（迷）也，其日固久矣。是以方而不割，兼（廉）而不刺，直而不绁，光而不眺（耀）。治人事天，莫若啬。夫唯啬，是以蚤（早）服。蚤（早）服是胃（谓）重积【德】。重【积德则无不克，无不克则】莫知其【极】。莫知其【极，可以】有国。有国之母，可【以长】久。是胃（谓）【深】根固氐（柢），长生久视之道也。治大国若亨（烹）小鲜。以道立（莅）天下，其鬼不神。非其鬼不神也，其神不伤人也。非其神不伤人也，【圣人亦】弗伤也。夫两【不】相伤，故德交归焉。大国【者，下流也，天下之】牝也。天下之交也，牝恒以静朕（胜）牡。为其静也，故宜为下也。故大国以下【小】国，则取小国。小国以下大国，则取于大国。故或下【以取，或】下而取。故大国者不【过】欲并畜人，小国不【过】欲入事人。夫【皆得】其欲，则大者宜为下。道者，万物之注也，善人之瑧（保）也，不善人之所保也。美言可以市，尊行可以贺（加）人。人之不善，何【弃之有？故】立天子，置三乡〈卿〉，虽有【共之】璧以先四马，不若坐而进此。古【之所以贵此道者何也】？不胃（谓）求以得，有罪以免与？故为天下贵。为无为，【事无事，味无味。大小多少，报怨以德。

图难乎其易也，为大】乎其细也。天下之【难作于】易，天下之大【作于细。是以圣人终不为大，故能成其大】。夫轻若(诺)【必寡】信，多易必多难，是以耶(圣)人【犹难】之，故【终于无难。其安也易持，其未兆也易谋，其脆也易判，其微也易散。为之于其未有也，治之于其未乱也。合抱之】木，作于毫末。九成之台，作于虆(蔂)土。百千之高，始于足下。为之者败之，执者失之。是以耶(圣)人无为【也，故无败也；无执也，故无失也】。民之从事也，恒于其成而败之。故曰："慎冬(终)若始，则无败事矣。"是以耶(圣)人欲不欲，而不贵难得之货；学不学，复众人之所过；能辅万物之自然，而弗敢为。古之为道者，非以明【民也，将以愚】之也。夫民之难治也，以其知(智)也。故以知(智)知国，国之贼也；以不知(智)知国，国之德也；恒知此两者，亦稽式也。恒知稽式，是胃(谓)玄德。玄德深矣、远矣，【与】物反也，乃至大顺。江海所以能为百浴(谷)【王者，以】其【善】下之也，是以能为百浴(谷)王。是以耶(圣)人之欲上民也，必以其言下之；其欲先民也，必以其身后之。故居上而民弗重也，居前而民弗害。天下皆乐谁(推)而弗猒(厌)也，不【以】其无争与？故天下莫能与争。小国寡民，使有十百人器而勿用，使民重死而远徙。又(有)周(舟)车无所乘之，有甲兵无所陈之。使民复结绳而用之。甘其食，美其服，乐其俗，安其居。哭(邻)国相望，鸡犬之【声相】闻，民至老死不相往来。信言不美，美言不信。知者不博，博者不知。善者不多，多者不善。耶(圣)人无积，既以为人，己俞(愈)有；既以予人矣，己俞(愈)多。故天之道，利而不害；人之道，为而弗争。天下【皆】胃(谓)我大，大而不宵(肖)。夫唯不宵(肖)，故能大。若宵(肖)，久矣其细也夫。我恒有三琛(宝)，市(持)而琛(宝)之，一曰兹(慈)，二曰检(俭)，三曰不敢为天下先。夫兹(慈)，故能勇；检(俭)，敢〈故〉能广；不敢为天下先，故能为成器长。今舍其兹(慈)，且勇；舍其检(俭)，且广；舍其后，且先；则死矣。夫兹(慈)，以单(战)则朕(胜)，以守则固。天将建之，如以兹(慈)垣之。故善为士者不武，善单(战)者不怒，善朕(胜)敌者弗与，善用人者为之下。是胃(谓)不争【之】德。是胃(谓)用人，是胃(谓)肥(配)天，古之极也。用兵又(有)言曰：吾不敢为主而为客，不敢进寸而退尺。是胃（谓）行无行，攘无臂，执无兵，乃（扔）无敌。祸莫大于无敌。无敌近〇亡吾琛（宝）矣。故抗兵相若，而依（哀）者朕（胜）【矣】。吾言易知也，易行也；而天下莫之能知也，莫之能行也。夫言又（有）宗，事又（有）君。夫唯无知也，是以不我知。知者希，则我贵矣。是以耶（圣）人被褐而褱（怀）玉。知不知，尚矣；不知知，病矣。是以耶（圣）人之不【病】也，以其病病也，是以不病，民之不畏畏（威），则大畏（威）将至矣。毋伸（狎）其所居，毋猒（厌）其所生。夫唯弗猒（厌），是以不猒（厌）。是以耶（圣）人自知而不自见也，自爱而不自贵也。故去罢（彼）而取此。勇于敢则杀，勇于不敢则栝（活），【此】两者或利或害。天之所亚（恶），熟知其故？天之道，不单（战）而善朕（胜），不言而善应，弗召而自来，单（坦）而善谋。天罔（网）裎裎，疏而不失。若民恒且〇不畏死，若何以杀曜（惧）之也？使民恒且畏死，而为畸（奇）者【吾】得而杀之，夫孰敢矣！若民恒且必畏死，则恒又（有）司杀者。夫代司杀者杀，是代大匠斫。夫代大匠斫，则希不伤其手。人之饥也，以其取食跷之多，是以饥。百生（姓）之不治也，以其上之有以为也，【是】以不治。民之轻死也，以其求生之厚也，是以轻死。夫唯无以生为者，是贤贵生。人之生也柔弱，其死也䏰信坚强。万【物草】木之生也柔椊（脆），其死也榫（枯）槁。故曰："坚强，死之徒也；柔弱，生之徒也"。【是】以兵强则不朕（胜），木强则兢。故强大居下，柔弱居上。天之道，酉（犹）张弓也，高者印（抑）之，下者举之，有余者云（损）之，不足者【补之。故天下之道】，云（损）有余而益不足；人之道，云（损）不足而奉又（有）余。夫孰能又（有）余而【有以】奉于天者，唯又（有）道者乎？是以耶（圣）人为而弗又（有），成功而弗居也。若此其不欲见贤也。天下莫柔弱于水，【而攻坚强者莫之能先】，以其无以易之也。水之朕（胜）刚也，弱之朕（胜）强也，天下莫弗知也，而【莫之能行】也。是故耶（圣）人之言云，曰：受国之詢（诟），是胃（谓）社稷之主。受国之不祥，是胃（谓）天下之王。正言若反。禾（和）大【怨，必有余怨，安可以】为善？是以耶（圣）人执左芥（契）而不以责于人。故又（有）德司芥（契），无德司徹（彻）。【天道无亲，常与善人】。《德》三千册一。

道　经

道，可道也，【非恒道也。名，可名也，非】恒名也。无名，万物之始也。有名，万物之母也。故恒无欲也，【以观其妙】；恒又（有）欲也，以观其所噭。两者同出，异名同胃（谓）。玄之又玄，众眇（妙）之门。天下皆知美之为美，亚（恶）已。皆知善，斯不善矣。【有、无之相】生也，难、易之相成也，长、短之相刑（形）也，高、下之相盈也，音、声之相和也，先、后之相隋（随），恒也。是以耶（圣）人居无为之事，行不言之教。万物昔（作）而弗始，为而弗侍（恃）也，成功而弗居也。夫唯弗居，是以弗去。不上贤，使民不争。不贵难得之货，使民不为盗。不见可欲，使民不乱。是以耶（圣）人之治也，虚其心，实其腹；弱其志，强其骨。恒使民无知无欲也。使夫知不敢弗为而已，则无不治矣。道冲，而用之有（又）弗盈也。渊呵佁（似）万物之宗。锉（挫）其兑（锐），解其芬（纷）；和其光，同其尘。湛呵佁（似）或存。吾不知其谁之子也，象帝之先。天地不仁，以万物为刍狗。耶（圣）人不仁，【以】百姓为刍狗。天地之间，其猷（犹）橐籥舆（与）？虚而不淈（屈），动而俞（愈）出。多闻数穷，不若守于中。浴（谷）神不死，是胃（谓）玄牝。玄牝之门，是胃（谓）天地之根。绵绵呵其若存，用之不堇（勤）。天长，地久。天地之所以能长且久者，以其不自生也，故能长生。是以耶（圣）人退其身而身先，外其身而身先，外其身而身存。不以其无私舆（与）？故能成其私。上善如水。水善利万物而有争，居众人之所亚（恶），故几于道矣。居善地，心善渊，予善天，言善信，正（政）善治，事善能，动善时。夫唯不争，故无尤。揎（持）而盈之，不若其已。掬（揣）而允之，不可长葆也。金玉盈室，莫之能守也。贵富而骄，自遗咎也。功遂身退，天之道也。戴营袙（魄）抱一，能毋离乎？槫（抟）气至柔，能婴儿乎？脩（涤）除玄监（鉴），能毋有疵乎？爱民栝（活）国，能毋以知乎？天门启阖，能为雌乎？明白四达，能毋以知乎？生之，畜之，生而弗有，长而弗宰也，是胃（谓）玄德。卅楅（辐）同一毂，当其无有，车之用也。燃（埏）埴而为器，当其无有，埴器之用也。凿户牖，当其无有，室之用也。故有之以为利，无之以为用。五色使人目盲，驰骋田腊（猎）使人心发狂，难得之货○使人之行仿（妨）。五味使人之口爽，五音使人之耳（聋）。是以耶（圣）人之治也，为腹而不为目。故去彼而取此。弄（宠）辱若惊，贵大患若身。何胃（谓）弄（宠）辱若惊？弄（宠）之为下也，得之若惊，失之若惊，是胃（谓）弄（宠）辱若惊。何胃（谓）贵大患若身？吾所以有大患者，为吾有身也。及吾无身，有何患？故贵为身于为天下，若可以橐（托）天下【矣】；爱以身为天下，女可以寄天下矣。视之而弗见，【名】之曰微。听之而弗闻，命（名）之曰希。○捪之而弗得，命（名）之曰夷。三者不可至（致）计（诘），故而为一。一者，其上不谬，其下不忽。寻寻呵不可命（名）也，复归于无物。是胃（谓）无状之状，无物之象。是胃（谓）沕（忽）望（恍）。随（随）而不见其后，迎而不见其首。执今之道，以御今之有。以知古始，是胃（谓）道纪。古之□为道者，微眇（妙）玄达，深不可志（识）。夫唯不可志（识），故强为之容，曰：与呵其若冬涉水，猷（犹）呵其若畏四叟（邻），严呵其若客，涣呵其若淩（凌）泽（释），沌呵其若朴，湷呵其若浊，澌呵其若浴（谷）。浊而静之，徐清。女〈安〉以重（动）之，徐生。葆此道【者不】欲盈。是以能褩（敝）而不成。至虚极也，守静督也。万物旁（并）作，吾以观其复也。天物祛（芸）祛（芸），各复归于其根。曰静。静，是胃（谓）复命。复命，常也。知常，明也。不知常，芒（妄），芒（妄）作凶。知常容，容乃公，公乃王，【王乃】天，天乃道，道乃。没身不殆。大上下知又（有）【之】，其【次】亲誉之，其次畏之，其下母（侮）之。信不足，安有不信。猷（犹）呵其贵言也。成功遂事，而百姓胃（谓）我自然。故大道废，安有仁义。知（智）慧出，安有【大伪】。六亲不和，安又（有）孝兹（慈）。国家闆（昏）乱，安有贞臣。绝耶（圣）弃知（智），而民利百倍。绝仁弃义，而民复孝兹（慈）。绝巧弃利，盗贼无有。此三言也，以为文未足，故令之有所属。见素抱朴，少私而寡欲。绝学无忧。唯与呵，其相去几何？美与亚（恶），其相去何若？人之所畏，亦不可以不畏人。望（恍）呵其未央才

(哉)！众人跑(熙)跑(熙)，若乡(飨)于大牢，而春登台。我博(泊)焉未垗(兆)，若婴儿未咳。累呵佁(似)无所归。众人皆又(有)余。我愚人之心也，湷湷呵。鬻(俗)人昭昭，我独若閬(昏)呵。鬻(俗)人察察，我独闽(闵)闽(闵)呵。沕(忽)呵其若海，望(恍)呵若无所止。众人皆有以，我独閒(顽)以鄙。吾欲独异于人，而贵食母。孔德之容，唯道是从。道之物，唯望(恍)唯沕(忽)。沕(忽)呵望(恍)呵，中又(有)象呵。望(恍)呵沕(忽)呵，中有物呵。幼(窈)呵冥呵，其中有请(精)呵。其请(精)甚真，其中有信。自今及古，其名不去，以顺众父。吾何以知众父之然也？以此。炊者不立。自视(示)者不章，自见者不明，自伐者无功，自矜者不长。其在道也，曰："粽(余)食、赘行"。物或亚(恶)之，故有欲者弗居。曲则全，汪(枉)则正，洼则盈，㢢(敝)则新。少则得，多则惑。是以耶(圣)人执一，以为天下牧。不自视(示)故章，不自见也故明，不自伐故有功，弗矜故能长。夫唯不争，故莫能与之争。古之所胃(谓)曲全者几语才(哉)，诚全归之。希言自然。薊(飘)风不冬(终)朝，暴雨不冬(终)日。孰为此？天地，而弗能久，有(又)兄(况)于人乎？故从事而道者同于道，德(得)者同于德(得)，失者同于失。同于德(得)者，道亦德(得)之；同于失者，道亦失之。有物昆成，先天地生。萧(寂)呵漻(寥)呵，独立而不玹(改)，可以为天地母。吾未知其名也，字之曰道。吾强为之名曰大。大曰筮(逝)，筮(逝)曰远，远曰反。道大，天大，地大，王亦大。国中有四大，而王居一焉。人法地，地法天，天法道，道法自然。重为轻根，静为趮(躁)君。是以君子冬(终)日行，不远其甾(辎)重，虽有环官(馆)，燕处则昭若。若何万乘之王而以身轻于天下？轻则失本，趮(躁)则失君。善行者无达迹，善言者无瑕适(谪)，善数者不用梼(筹)笐(策)。善○闭者无关籥(鬮)而不可启也，善结者无纆约而不可解也。是以耶(圣)人恒善怵(救)人，而无弃人，物无弃财，是胃(谓)曳(愧)明。故善人，善人之师；不善人，善人之资也。不贵其师，不爱其资，虽知(智)乎大迷。是胃(谓)眇(妙)要。知其雄，守其雌，为天下鸡(溪)。为天下鸡(溪)，恒德不离。恒德不离，复【归于婴儿。知】其白，守其辱，为天下○浴(谷)。为天下浴

（谷），恒德乃足。恒德乃足，复归于朴。知其白，守其黑，为天下式。为天下式，恒德不贷（忒）。恒德不贷（忒），复归于无极。朴散则为器，聖（圣）人用则为官长。夫大制无割。将欲取【天下而为之，吾见其弗】得已。夫天下，神器也，非可为者也。为之者败之，执之者失之。○物或行或隋（随），或热，或碓，或陪（培）或堕。是以聖（圣）人去甚，去大，去诸（奢）。以道佐人主，不以兵强于天下。其【事好还，师之所处，荆】棘生之。善者果而已矣，毋以取强焉。果而毋骄，果而勿矜，果【而毋】伐，果而毋得已居，是胃（谓）果而强。物壮而老，胃（谓）之不道，不道蚤（早）已。夫兵者，不祥之器也。物或亚（恶）【之，故有欲者弗居。君】子居则贵左，用兵则贵右。故兵者非君子之器。兵者不祥【之】器也，不得已而用之，铦憶为上，勿美也。若美之，是乐杀人也。夫乐杀人，不可以得志于天下矣。是以吉事【上左，丧事上右】；是以偏将军居左，而上将军居右，言以丧礼居之也。杀【人众，以悲哀】立（莅）【之；战】朕（胜）而以丧礼处之。道恒无名，朴唯（虽）小而天下弗敢臣。侯王若能守之，万物将自宾。天地相合，以俞甘洛（露）。【民莫之】令，而自均焉。始制有名，名亦既有，夫亦将知止，知止所以不殆。卑（譬）【道之】在天下也，猷（犹）小浴（谷）之与江海也。知人者，知（智）也。自知，明也。朕（胜）人者，有力也。自朕（胜）者，强也。知足者，富也。强行者，有志也。不失其所者，久也。死而不忘者，寿也。道，沨（泛）呵其可左右也，成功遂【事而】弗名有也。万物归焉而弗为主，则恒无欲也，可名于小。万物归焉而弗为主，可命（名）于大。是以聖（圣）人之能成大也，以其不为大也，故能成大。执大象，天下往。往而不害，安平大。乐与【饵】，过格（客）止。故道之出言也，曰："淡呵其无味也。视之，不足见也。听之，不足闻也。用之不可既也"。将欲擒（翕）之，必古（固）张之。将欲弱之，必古（固）○强之。将欲去之，必古（固）与之。将欲夺之，必古（固）予【之】。是胃（谓）微明。柔弱朕（胜）强。鱼不可说（脱）于渊，国利器不可以示人。道恒无名，侯王若能守之，万物将自化。化而欲作，吾将阗（镇）之以无名之朴。阗（镇）之以无名之朴，夫将不辱。不辱以静，天地将自正。《道》二千四百廿六。

附录三　中外名人论老子

一、中国名人论老子

1. 汉代史学家司马谈:道家使人精神专一,动合无形,赡足万物。其为术也,因阴阳之大顺,采儒、墨之善,撮名、法之要,与时迁移,应物变化,立俗施事,无所不宜,指约而易操,事少而功多。

2. 晋代道教学者葛洪:道者,儒之本也;儒者,道之末也。

3. 晋代哲学家王弼:老子之书,其几乎可一言而蔽之。噫!崇本息末而已矣。

4. 唐太宗李世民:夫安人宁国,惟在于君。君无为则人乐,君多欲则人苦。

5. 唐玄宗李隆基:(《道德经》)其要在乎理身、理国。理国则绝矜尚、弃华薄,以无为不言为教。理身则少私寡欲,以虚心实腹为务。

6. 宋太宗赵光义:伯阳五千言,读之甚有益,治身治国,并在其中。

7. 宋真宗赵恒:老子《道德经》治世之要。

8. 宋代文学家欧阳修:老子为书,比其余诸子以为简要也……其言虽若虚无,而于治人之术至矣。

9. 宋代大儒朱熹:盖老聃,周之史官,掌国之典籍,三皇五帝之书,故能述古事而信好之。如五千言,亦或古有是语而老子传之,未可知也。

10. 明太祖朱元璋:朕虽菲材,惟知斯经乃万物之至根,王者之上师,臣民之极宝。

11. 清世祖爱新觉罗·福临:老子道贯天人,德超品汇,著书五千余言,明清静无为之旨。然其切于身心,明于伦物,世固鲜能知之也。

12. 清代学者纪晓岚:(道家思想)综罗百代,广博精微。

13. 清代思想家魏源:老子之书,上之可以明道,中之可以治身,推之可以治人。

14. 文学家林语堂:老子的隽语,像粉碎的宝石,不需装饰便可自闪光耀。

15. 哲学家金岳霖:中国思想中最崇高的概念似乎是道。

16. 文学家鲁迅:不读《老子》一书,就不知中国文化,不知人生真谛。

17. 学者胡适:老子是中国哲学的鼻祖,是中国哲学史上第一位真正的哲学家。

18. 文学家郭沫若:《道德经》是一部政治哲学著作,又是一部兵书。

19. 哲学家张岱年:道家是隐者之学,故不在显学之列,而其理论之湛深,思想之缜密,实超过了儒墨两家。

20. 哲学家陈鼓应:从哲学史的观点看,老庄思想的重要性,一如苏格拉底和柏拉图在西方哲学史上的地位。

二、外国名人论老子

1. 德国哲学家康德:斯宾诺莎的泛神论和亲近自然的思想与中国的老子思想有关。

2. 德国哲学家黑格尔:道为天地之本、万物之源。中国人把认识道的各种形式看作是最高的学术……老子的著作,尤其是他的《道德经》,最受世人崇仰。

3. 德国哲学家尼采:老子思想的集大成——《道德经》,像一个永不枯竭的井泉,满载宝藏,放下汲桶,唾手可得。

4. 德国社会学家马克斯·韦伯:事实上,在中国历史上,每当道家(道教)思想被认可的时期(例如唐初),经济的发展是较好的,社会是丰衣足食的。道家重生,不仅体现在看重个体生命,也体现在看重社会整体的生计发展。

5. 德国明斯特大学教授赫伯特·曼纽什:中国哲学是我们这个精神世界的不可缺少的要素。公正地说,这个世界的精神孕育者,应当是柏拉图和老子,亚里士多德和庄子,以及其他一些人。可惜的是,我们这个时代的许多哲学著作总是习惯于仅提欧洲古代的一些哲学家,却忽视了老子的《道德经》,从而很不明智地拒绝了一种对欧洲文化的极为重要的源泉。

6. 德国学者克诺斯培:解决我们时代的三大问题(发展、裁军和环保),都能从老子那里得到启发。

7. 德国前总理施罗德:每个德国家庭买一本中国的《道德经》,以帮助解决人们思想上的困惑。

8. 德国哲学家海德格尔:老子的“道”能解释为一种深刻意义上的“道路”,即“开出新的道路”,它的含义要比西方人讲的“理性”“精神”“意义”等更原本,其中隐藏着“思想着的道说”或“语言”的“全部秘密之所在”。

9. 法国汉学家雷慕沙:老子的思想与稍后的毕达哥拉斯学派和柏拉图学派所提出的“学说有无可争辩的共同之处”。

10. 英国生物化学家、科技史专家李约瑟:中国人性格中有许多最吸引人的因素都来源于道家思想。

11. 英国史学家阿诺德·汤因比:在人类生存的任何地方,道家都是最早的一种哲学。

12. 英国哲学家克拉克:现代经济自由市场的原理就是源自《老子》的无为而治。

13. 英国汉学家彭马田:《道德经》并非我们所理解的一般意义上的书,它是格言及注疏的集合,前后并无明显的逻辑顺序,这 81 章犹如一串圆润的珍珠项链:像珍珠一样,各自独立,集合在一起,其效果则更显美奂绝伦。

14. 美国物理学家卡普拉:在伟大的诸传统中,据我看来,道家提供的生态智慧是最深刻也是最完美的伟大智慧,它强调在自然循环过程中,个人和社会的一切现象和两者潜在的一致性。

15. 美国物理学家约翰·惠勒:现代物理学大厦就建立在一无所有上,从一无所有导出了现在的所有,没想到的是,近代西方历经数代花费大量物力财力才找到的结论,在中国的远古早已有了思想的先驱。

16. 美国学者蒲克明:当人类隔阂泯除,四海成为一家时,《道德经》将是一本家传户诵的书。

17. 美国学者威尔·杜兰特:或许除了《道德经》之外,我们将要焚毁所有的书籍,而在《道德经》中寻得智慧的妙要。

18. 美国学者迈克尔·哈特:假如老子的确是《道德经》的作者,那么他的影响确实很大。这本书虽然不到六千字,却包含着许多精神食粮。在西方,《道德经》远比孔子或任何儒家的作品流行。

19. 日本物理学家汤川秀树:老子是在两千多年前就预见并批判今天人类文明缺陷的先知。老子似乎用惊人的洞察力看透个体的人和整体人类的最终命运。

20. 日本学者卢川芳郎:《老子》有一种魅力,它给在世俗世界压迫下疲惫的人们以一种神奇的力量。

21. 日本哲学家福冈正信:如果我们早听老子的话,也不致使科技的发展对人类自然环境造成如此严重的后果。

22. 俄国大文豪列夫·托尔斯泰:我良好的精神状态也要归功于阅读孔子,而主要是老子。

23. 苏联汉学家李谢维奇:老子是国际的,是属于全人类的。

24. 俄国汉学家海澳基也夫斯基:古代哲学家老子的学说,是中国一切哲学发展的出发点,所有其它中国哲学家的体系,都是在道德哲学体系的各个部分的基础上发展起来的。

25. 荷兰皇家科学院院士施舟人:道家文化不同于西方文化,这对西方文化来说,是一个不可多得的,能使西方文化得以更新的动力和活力的源泉。

26. 荷兰汉学家许理和:道德经在西方人眼中,无论从任何西方的思想派别看来,都是中国最重要的哲学典籍,也最富于中国智慧,或甚至更广泛而言——东方智慧。

27. 比利时物理化学家普利高津:道家的思想,在探究宇宙和谐的奥秘、寻找社会的公正与和平、追求心灵的自由和道德完满三个层面上,对我们这个时代都有新启蒙思想的性质。道家在两千多年前发现的问题,随着历史的发展,愈来愈清楚地展现在人类的面前。

28. 澳大利亚国立大学教授、华裔汉学家柳存仁:道的根就在中国,尽管道无所不在,但道更在中国。

图书在版编目（CIP）数据

老子译注评 / 熊筝注译.
—武汉 : 崇文书局, 2019.6
（中华经典全本译注评丛书）
ISBN 978-7-5403-5342-1

Ⅰ. ①老…
Ⅱ. ①熊…
Ⅲ. ①道家②《道德经》－译文③《道德经》－注释
Ⅳ. ① B223.1

中国版本图书馆 CIP 数据核字（2019）第 089852 号

老子译注评

责任编辑　郑小华
封面设计　甘淑媛
责任校对　董　颖
责任印制　李佳超
出版发行　长江出版传媒 | 崇文书局
地　　址　武汉市雄楚大街 268 号 C 座 11 层
电　　话　(027)87293001　邮政编码　430070
印　　刷　湖北恒泰印务有限公司
开　　本　880mm×1230mm　1/32
印　　张　6.5
字　　数　170 千
版　　次　2019 年 6 月第 1 版
印　　次　2019 年 6 月第 1 次印刷
定　　价　22.00 元
（如发现印装质量问题，影响阅读，请与承印厂调换）